By the same author:

Handstands in the Dark: A True Story of Growing Up and Survival (Ebury Press, 2006)

Frank get the door! ma feet are killin me

JANEY GODLEY

Luath Press Limited

EDINBURGH

www.luath.co.uk

Throughout Lockdown, Janey Godley has commandeered the voices of the First Minister and her podium companions and kept all our spirits up in these dark times. Our thoughts are with all those who have been affected by the virus.

First published 2020

ISBN: 978-1-910022-14-6

The paper used in this book is recyclable. It is made from
low chlorine pulps produced in a low energy, low emission
manner from renewable forests.

Printed and bound by CPI Books, Chatham

Transcribed, edited and typeset in 12 point Sabon
by Main Point Books, Edinburgh

Contents

Janey Godley is a brilliant comedian in my view and her voiceovers are very very funny – they're very rude in terms of the language they use, so sometimes I don't feel able to retweet them... but she's getting the key messages across very very powerfully... if humour helps us to make people understand what they should be doing right now, then all well and good.

Nicola Sturgeon, Scotland's First Minister, interviewed on Original FM

Introduction

Who knew an innocuous, well remembered saying from my pub days, would be shouted out by an MP in the Houses of Parliament at the opening of the Queens Speech?

'FRANK get the door!' has become a national catchphrase and I for one am happy about that. Images of tee shirts, mugs, car stickers and window posters all over the world have been sent to me on social media, and we sell our own Frank merch on my website, with a cut going to charity.

'FRANK get the door!' is what my voiceover has the Scottish First Minister saying in her daily briefings. This book is so exciting for me, my everyday voiceovers and some smashing illustrations by Christina Connelly to boot. I hope you enjoy this wee tome. Now let me tell you about Frank.

Picture the scene, 1985 in a pub in the East End of Glasgow: Janey the barmaid stood pouring a pint of lager as yet another annoying drunk man had been told to get out. This man had threatened to pee the floor and told Janey she was a fat cow. Janey rolled her eyes so hard, her brain hurt but she licked the foamy beer off her fingers and shouted –

'Get out, you're barred!'

The drunk man, stood like a sailor trying to stay
stable on a listing boat on a high tide. He swayed
forward, he grabbed the juke box, he swayed back
and grabbed the peanut machine on the wall. He
pulled his trousers up really high, much higher than
any man should, possibly trapping and separating
his knick-knacks. With a dancing gait, much like
a pantomime milkmaid in full hip-swinging dance
mode, he ran at the door, lifted up one wonky leg
and kicked the door hard as hell.

The customers at the bar never even looked, they
sighed and stared at each other as they knew
the door was a pull-in not a kick-out, and soon
that man would be bouncing backwards onto
the tiles and they could take bets on his state of
unconsciousness.

Such was life before we had iPhone cameras and
Twitter. We laughed at things in 'real time'.

It was at that moment the shout would go up 'FRANK,
Get the Door!' and out of the smoky corner near the
plastic palm tree would emerge Frank.

Tall, Irish and a veteran of the Korean war, he wore

a grey cardigan with leather elbow patches, freshly pressed black trousers and smart, polished shoes. His shirt and tie were always clean as was his thick white hair, combed back with pomade into a helmet. He always had a cowboy paperback book which never fell as he lifted up the drunks with one hand and opened the door inward with the other and threw them out onto the street, without missing a beat or a breath. He simply dusted down his book and went back to his beer in silence.

That was Frank.

Nobody knew his surname. He became known as 'FRANK Get the Door!', the same way Jimmy was called 'Jimmy Where's Your Van?', as he once lost the works van. We did have a woman called 'Carol the Knicker Woman', as she used to show everyone her knickers – she sold them from her handbag, they were new knickers, £7 for five pairs.

Frank, was enigmatic and always present. Whenever I had a bad day, I knew Frank would be there in the background, keeping an eye on me. Most nights when I finished my shift, I would shout, 'FRANK, get the door!' and he would hold it open for me and then skip onto the street and open the close door to my house, because I lived above the pub.

I left the pub in 1994 and I miss the customers, the funny people, Carol and her knickers and mostly Frank. He died in early 2000, but I know somewhere in the spirit world there are ghosts trying to get from one place to the other and Frank is making sure all those doors are being looked after.

Janey Godley
September 2020

Note on dialect

The Lockdown voiceovers have been transcribed directly from Janey Godley's videos and the spellings reflect as closely as possible how the words are actually spoken, which accounts for minor variations.

If you should like to watch these videos you can go to Janey's website www.janeygodley.com or her YouTube channel and search for a specific video using its title as shown in the book.

Warning: this book contains strong language which may not be suitable for younger readers or those easily offended.

Voicing

Most of the sketches reproduced in this book voice the First Minister. Where there is interchange with others at the Lockdown podium, those voiced are indicated as follows:

FM: First Minister
DFM: Deputy First Minister
CMO: Chief Medical Officer
ICMO: Interim Chief Medical Officer
NCD: National Clinical Director
CNO: Chief Nursing Officer
CSH: Cabinet Secretary for Health and Sport
CCPS: Chief Constable of Police Scotland
GA: Government Advisor
Q: Questions from the press

None of the words attributed to the individuals referred to above were spoken out loud by those individuals. Any actions taken by readers of this book are taken entirely at their own risk.

Nicola speaks out

FM: Right, here's the official wurd, an Ah'll tell ye fur why. Aw the Sandras, big Jeanette, aw the Pippa Dees, they've aw been cancelled. Naebuwddy's gaun tae Torremolinos, we're just talkin oan the Snapchat group.

Stoap gaun oot, stoap meetin yer pals, stop gaun tae the park an getherin thegethir, ye bunch o fuckin idiots.

Ye've been TELT.

Everybuddy's gonnae die if yeez aw keep gaun aboot an meetin each other an gaun hame wi a virus oan ye.

So Ah've telt ye wance an Ah'm no gonnae tell ye again. This is the official line. If Ah see any o you oot there, Ah'm gonnae take a run an pit ma toe up the crack o yer arse. SO QUIT IT!

Stey in the hoose, wash yer hands an keep yer family safe. Away an Snapchat yer pals. Ah'll be talkin tae big Theresa later. Aw yeez, use yer phones. Noo, quit it!

Prince Charles and Covid

25 MARCH 2020

Q: Prince Charles has been confirmed with Covid-19. Is it fair that he was tested when members of the public aren't bein tested?

FM: Well, big Charles was telt like the rest o them. It doesnae matter if your a king or a prince or if yer Isa gaun tae the Pippa Dee, stey in the fuckin hoose an stoap movin aboot. Yez huv aw been telt. Ah'm gonnae end up havin tae take ma toe up the crack o yer arse, or hing oot a windae an sing it.

STOAP MOVIN ABOOT!
STEY IN THE HOOSE!

Now here's big Jeanette, she's gonnae tell you some stuff.

Jeanette (CMO): Aye, Nicola's right, just stey in the hoose an wash yer hauns, it's no that hard, is it?

One bang a week

26 MARCH 2020

Q: What would your advice be to people thinkin about startin or growing a family during this crisis?

FM: Big Jeanette's gonnae tell you aboot the pumpin an that here.

Jeanette (CMO): Yeah, Ah'm your chief bangin officer here. So we're tellin people tae try an put a sneck oan it, try an limit your sex doon tae, like, once a week, but make sure you dae it in the hoose, no ootside an don't dae it too much, try an dae it in self-isolation. Ah mean, a lot of you guys oot there'll know what I'm talkin aboot – an wummen as well, let's be equal opportunities here. But I am plannin a big blaw-oot doon at the caravan myself at the fair fortnight. So try an keep a sneck oan it an if no, turn the telly oan, jist try an haid it aw back. Honestly, the NHS don't need that many wains after aw this is done.

Aye, so we're limitin people doon tae ONE BANG A WEEK.

She was TELT

Jeanette (CMO): Ah just wantae tell everybuddy, Ah wis right oottae order, shouldnae have went tae ma second home an doon the caravan. Ah'm pure sorry. Ah jist hope everybuddy keeps by the rules even though Ah bent them.

FM: As if Ah've no got fuckin enough on ma plate! She wis TELT an TELT AGAIN.

Jeanette (CMO): Aye, she did. Honest tae God, Ah'm really embarrassed Nicola. Nest week we wur plannin oan gaun tae Girvan but we've put that on hold, ye can rest assured.

FM: Ma heid's burstin wi the fuckin lot ae yeez.

Nicola speaks

FM: So here's what's been happenin. We've still goat
a bunch o arseholes still wantae go oot intae the
car an go tae parks an hing aboot, cos they think
the virus doesnae apply tae them. An Ah'll tell ye
somethin else an Ah'll tell ye for why. If wan mair
arsehole runs up behind people daein thur joggin wi
thur sweaty mooth an spitty gobs, then honest tae
God, Ah'm gonnae fuckin take ma toe right up the
crack o their hole as well. Yeez aw need tae stey in
the hoose or we're aw gonnae die. The merr YOU go
oot, the merr WE huvtae stey in.

Ah don't know how this isnae fuckin clear tae
everybuddy yet. Ah mean, we've got experts like
Kate Winslet tellin us, an she wis wance in a film
aboot a virus, so she'll know best. It's jist as well it's
no icebergs hittin us. Aye, so if Ah huvtea come oot
there an tell yeez maself, Ah'll dae it.

Stey IN the fuckin hoose, it's THAT simple. Jist stey
in, stoap aw gaun oot, we're aw gonnae die because
you cannae dae what you're fuckin telt.

IT'S THAT SIMPLE.

Nicola has them on Find Friends

6 APRIL 2020

Q: Have you checked with your other advisers and ministers and are you confident that no one will be taking trips to second homes in the near future?

FM: Aye, that's a good question and what Ah've done is, Ah've got the hale lottae thum – THE LOTTAE THUM – oan Find Friends and Ah'm mappin where they aw are, tae make sure nane ae them are brekkin the rules. Ah mean, me maself, Ah wanted to head ower tae Torremolinos. But naw, Ah cannae go, we aw cannae leave the hoose. Ah'm absolutely up tae fuckin high doh an sick tae the back teeth o the lottae it. We're tryin tae deal wi a pandemic an we've goat people bendin the rules. So naw, it won't be happenin again. Noo, here's big Isa, she's gonnae be talkin aboot whit's happenin next. Isa, huv you goat any plans tae fuck off for the weekend or dae anythin special?

Isa (CSH): Aw, tae be honest, Nicola, Ah'm snecked in. Ah'm daein nothin. Mind you, that wumman behind me in the purple jumper [the signer], Ah think she wis seen in Arbroath the other weekend. Naebuddy's even kept an eye oan hur.

I need a wee box dye for my roots

7 APRIL 2020

FM: Ah just want to thank all the people in Scotland who are lookin after each other and self-isolatin. But tae those arsholes who are still runnin aboot the park in their lycra, runnin up behind people and frightenin them, well I hope your next big shite's a JAGGY HEDGEHOG carryin barbed wire with it. Me maself, I'm lookin for a nice'n easy box dye number 5, because ma roots are comin in an Ah'm startin to look like a tabby tiger, so if anybuddy can get in contact that would be brilliant. Now we're gonnae go over to ma pal Eloise. She's gonnae be talkin aboot the craftin that she's doin this week. Eloise, whit hiv ye been makin?

Eloise (CNO): Oh, thanks for askin. Ah get tartan strips, Nicola, an Ah put them on all my clothes an Ah did a Bay City Rollers tribute dance live on the TikTok. Got over 200 hits, it's been a brilliant night. Ah shangalanged and Ah had on a pair o Scholls, the neighbours were fuckin bangin on the walls. So aye, that's what Ah've been daein, Nicola.

FM: Right, Jesus fuck. Get the door FRANK, we're done.

Easter bunnies

9 APRIL 2020

FM: Ah know it's Easter weekend and the daffodils are oot and the sun is shinin, but youz aw need to stey in the hoose. Ye can have an egg hunt for the wains – an by the way, that's no a swear word, that's two words: EGG and HUNT.

But if youz all go out and affect the fuckin lot ae us, we're all gonnae be SNECKED IN till Christmas. So dress up as the Easter rabbit in the hoose – Ah'm sure some o ye must have a rabbit outfit in yer wardrobe to keep the kids entertained.

STEY IN and don't make me come tae the windae an huvtae shout, 'Get in ya mad basturd, we're aw gonnae die.'

Cuz that's what'll happen.

Happy Easter everybuddy, away and enjoy your egg hunt.

Nicola and the Easter message

FM: Well, Easter weekend is upon us and of course we're hearin aboot mad bastards huvin street parties. But that was wee Bridie MacBride on the WhatsApp group and she says she saw a lot ae they Westenders fuckin clad in their Boden and their Birkenstocks, wi their wax jackets and cherry-red cords, wi their children wi wooden click-clack toys. Two fuckers had a ukulele wi their organic bespoke cheese and bread headin for Loch Lomond. LISTEN UP, YA ARSEHOLES! This affects everybody! Stey in the hoose! Ah cannae tell you enough, we're aw gonnae die. Do what Ah do at the weekend. Play a jigsaw, dae a board game an pluck aw the wee hers oot yer chin wi a magnifyin mirror. Right, we're gonnae head ower tae the polis. Alan, what say you?

Polis (CCPS): Aye, yer nae wrang, Nicola. Bammy bastards, taps aff and cans in the park, they aw need tae fuckin quit it. Guys, STEY IN, or we're all gonnae die. And we're watchin you, don't think we urnae. We're keepin an eye oan the fuckin lot ae ye. So aye, that's the news, over and out.

FM: Right, Ah'm done. FRANK get the door! *Ah'm tired.*

I cut my hair

13 APRIL 2020

FM: Hi there, Nicola here. Hello Scotland and the surroundin areas.

I just wantae thank everybuddy who managed to stey in over the Easter weekend an didnae put the rest ae us in danger. There was of course a couple of arseholes who thought it was okay tae roll their eggs doon a hill in some village and frighten the locals – but ye know, fuck it, ye cannae keep everybuddy under control, nae matter how we try.

Turns oot Boris is oot the hospital, so that's news. And other news – Ah managed to cut ma own hair and box dye it. I know it looks like it's been done with a pair o wooden spoons, but ma man Peter, he says to me: 'D'ye want a wee Demi wave?' And I says: 'No, and Ah'll tell you for why, Peter. The last time I got a perm it took three weeks for it tae relax and big Jeanette hud tae hide me doon the caravan until it came oot like a shaggy perm.'

So Ah had ma Easter egg, it was lovely. We're gonnae head ower tae big Andrew and see whit kinnae egg he got.

Andrew (ICMO): Well, to be honest, Nicola, Ah got a jelly tot egg, and it's no ma favourite egg, because see wee jelly tots, the wee jellies stick up the back o ma teeth, and see at my age, I end up just spendin the whole day pickin them aff ma teeth. So I got a jelly tot egg, I got two pairs of socks, I got a screwdriver set oot the Lidl. I also got a tent so that when this is aw done we go campin, so all in all it was a good Easter for me, lots o stuff...

FM: Well, that was more details than we needed, Andrew. Thank you.

So aye, everybuddy stey the fuck in, we're no over this yet. So aye, that's it, Ah'm heddin hame.

Ah'm fuckin knackered.

Get the door FRANK! *Ah need a pee.*

Matt Hancock and the slosh

14 APRIL 2020

FM: Hi there, Nicola here I just wantae say, Ah tried tae get a haud ae Matt Hancock oan the WhatsApp group to discuss the issue that the PPE is bein diverted to England and not Scotland. But Matt wis awfae busy – apparently he's really good on the TikTok and he's makin some videos, he's really good at dancin and stuff. I'm bored in the hoose and Ah'm in the hoose bored. I've seen them, Matt!

But meanwhile, Ah just want tae thank everybuddy in Scotland for continuin tae stey in the fuckin hoose – you guys are makin us proud. There is of course the one or two arseholes who thinks it's awright tae wander aboot the streets. Last night, me an Peter, we did the slosh in the hoose. Daein a wee bittae slosh dancin, it was really good fun.

Ah'm gonnae hand over tae big Stephen.
Stephen, have you ever done the slosh? Tell me.

Stephen (GA): Actually, Ah like clog-dancin, Nicola. Ah dae a bittae clog-dancin in the kitchen. Ma neighbours, they've been shoutin, 'Stoap it!' but Ah don't stoap it.

And Ah want to thank everybuddy who's doin thur best to look after thur families an thur own mental health. It's hard times for everybuddy and it's good to see that we're all pullin together here, Nicola.

Q: First Minister, do you know when we will be able to get out of all this and do you have a time frame for it?

FM: Listen son, UNLESS AH'VE GOT A CRYSTAL BALL, naebuddy knows anythin. We're aw daein oor best here in unprecedented circumstances. Yeez aw keep askin me like Ah'm the only person that's goat an answer here. We're aw waitin tae see what happens and then we'll follae the proatacols.

Until then, stey in the fuckin hoose, you've aw been TELT.

That's me done.

FRANK get the door! Ah've got a pot ae soup oan.

I watched *Tiger King*

FM: Nicola here. Ah just wantae say upfront Ah'm absolutely full-up to the gunnels. I ate a whole plate o jelly last night wi some strawberries, two chocolate eggs and a full big family-sized bag o crisps. Ah'm ready tae vomit.

But Ah wantae thank everybuddy, all the Scottish people out there, all the frontline workers and care workers and everybuddy that's peyin fuckin attention tae the social distance. Of course there is the few arseholes that think thur above the law THAT WILL CATCH THEM.

But oan a lighter note, Ah wantae focus on what we've all been watchin while the Lockdown's been happenin. Me, Ah watched the *Tiger King* and oh my fuckin God, what is he aboot? Have you seen that haircut? Ye'd think Peter had cut it wi heez big pliers. And all those fuckin tigers and animals roamin aboot his back yerd. He's aff his fuckin skull! And the singin, his country singin music, wouldae gave you the boak. I'm hopin a tiger fuckin eats him first chance it gets. Now we're gonnae go over tae big Stephen and see what he's been watchin and what television he recommends durin the Lockdown.

Stephen (ICMO): Well, Ah've been watchin an old black-and-white film called *Brief Encounter* aboot this really posh English wumman in a train station and a train goes by and she gets a bit a grit in her eye and she meets this doctor and they fall in love but then she goes home tae her husband. And it's really weird because he stands in his hoose in a three-piece tweed suit near an open fire but she loves her husband but then she starts tae secretly meet the doctor and they go tae the movies together and everybuddy's smokin in the movies (it'd make ye ill) but then she gets stuck oan a boatin pond wi him but at the end she goes back to her husband. It's really sad and touchin and lovely at the same time. *Brief Encounter.*

FM: Aye right, okay Stephen, thank you. Just to reiterate to everybuddy: Safe distancin. Stey at home. Stop wanderin aboot the streets. Stop thinkin you can sit oot in the parks. We're all gonnae fuckin die if you don't follow the rules. So that's it in a nutshell.

Right, Ah'm done.

FRANK get the door! I'm pittin a big pot o stew oan.

Three more weeks

FM: Well, it looks like another three weeks. There's fuck-all we can dae aboot it, we either go oot an kill everybuddy or we stey in the hoose an keep everybuddy alive. Noo it's jist basically that. Ah cannae fuckin change how the world works. Noo Ah've wrote it all doon here, the whole list ae what Ah want yeez tae dae. *Hing oan, huv ah spoke aboot three weeks? That's that fuckin done.*

Right, ower tae big Stephen, whit's your plans?

Stephen (ICMO): Naw Nicola, yer absolutely right. Three weeks is jist a foartnight wi jist an extra seven days. It's either that oar we aw die, we undo aw the good work that wiv done. Ah jist wantae thank aw the people who are abidin by the social distancin rules. Thanks very much! Back over to you, Nicola.

FM: Ah mean, AH'M MISSIN MA ZUMBA CLASSES, but we huvtae all abide by the rules. It is what it fuckin is. Right, Ah'm done here. Okay.

FRANK get the door! Ah'm pittin oan some soup the day.

Online quizzes

FM: Well we're intae week FORTY-FLUMPTY
MILLION accordin tae Priti Patel and she's really
good wi figures so she should know. Ah wantae
thank every wan o yeez fir steyin in the hoose, youz
ur aw daein fuckin amazin, cuz you aw know if you
go oot we're all gonnae die.

Oan a lighter note, Ah've been doin quite a lot o
online quizzes on the Zoom wi the family. Fullae
shite at quizzes – luckily Ah've got Peter in the
background doin a wee bit o coughin helpin me with
the answers. It turns oot Ah know absolutely fuck-
all aboot the history of the Bay City Rollers.

Right, ower tae big Stephen. Stephen, what have you
been doin wi your weekend?

Stephen (ICMO): Well, Ah wis readin the *Sunday
Times* article, Nicola, pleased me no end, and
then I watched some o the videos o Trump havin
an absolute meltdown oan Twitter. Ah mean, you
couldnae write that shite. Other than that, Ah'm just
happy everybuddy's steyin in. Ah just wantae thank
all the people fur keepin thursels socially distant

and no listenin tae fake news. Aye, so that's been ma weekend.

FM: Right, ower tae big Isa. What have you been up to?

Isa (CNO): Well, Ah'll be honest with you, Nicola, it's been a bit o a carry-oan. The woman next door got a wee bit drunk. She's got a big alsatian called Sheba and it ran right through ma gerdin AN RIPPED THE WHIRLY-GIG RIGHT DOON, an Ah hud tae huv a socially distant argument wi her. And she wis wearin those flesh-coloured leggins oan the bottom, and for a minute Ah thought she was naked, but it turns oot it wis flesh leggins. So if you see that video on the What'sApp group, that's me arguin wi a wumman wi leggins oan. They were flesh-coloured, they dae make her look naked. So what a fuckin carry-on it's been. I'm up to high doh.

FM: That was more than I expected. Just wantae thank everybuddy for steyin in, savin lives, you know the deal.

Right.

FRANK get the door! I've got a wee tuna salad on the go.

Nicola and the frozen loaf

22 APRIL 2020

FM: Hi everybuddy, Nicola here. Jist wantae say thanks to everybuddy in Scotland – who AREN'T marchin through the streets shoutin WE'RE COVID DENIERS, WE NEED WUR HAIR CUT, runnin aboot wi a fuckin snooker ball in a sock, demandin we open up the country – you people make me proud. It's really hard but we're gettin there, we're doin it and the numbers will flatten oot because youz of paid attention.

On another issue, I've been learnin how tae cope wi ma freezer, cos by fuck what a mess that's in. Am Ah the only person that's thrown a whole loaf and then brought it oot and realised you had to separate the slices and ended up takin a fuckin hammer an chisel tae a frozen loaf? Well that's been my week. Right, let me have a look. There's a boy here want tae ask me a question, Ah think he's called James and he's from Stirlin.

Q: Hi Nicola, Ah've noticed that every single day oan these broadcasts you rotate three different outfits. Have you any advice for people who have just got the same claiths in the hoose an they can't get them dry-cleaned? Thank you. James from Stirlin.

FM: Ah'm wearin ma whole Pippa Dee wardrobe.
Right, ower tae big Stephen to see what he's goat tae
say.

Stephen (ICMO): Oh, Ah like your wee Pippa Dee
outfits, Nicola, I think thur well nice. As Ah'm the
Health Officer, Ah just want to give youz all a wee
bit of a update on the food. Ah know that youz'll
all end up fuckin eatin a big jar o Nutella oan four
crusty rolls, well, that's what Ah did, never got a wink
o sleep for the reflux comin up. And ma fridge, the
minute you open it there's a voice shouts: Whit the
fuck do you want noo, Stephen? So aye, try an keep
a wee eye oan your eatin an that. So I wantae thank
everybuddy for lookin after each other and doin
the self-isolatin, you're makin your country proud.
Thanks. Back over to you, Nicola.

FM: Oh Ah'm the same maself, Stephen. Ah ate a
whole big quiche last night, near vomited.

Right, we're ready to go. Hey, thanks everybuddy
and look efter yersels. Ah'm oottae here. Right.

FRANK get the door! Ah've got a cheese and onion
toasty ready.

Christmas hasn't been cancelled

23 APRIL 2020

FM: So, Ah just want to thank everybuddy again and reiterate that we are doin oor best in Scotland tae make sure that you all stay safe by not fuckin gaun out. And you are doin it, unlike some states in America where they're just gonnae use their people as CANARIES DOON A MINE and see who catches it and who doesn't. You guys are makin us all fuckin absolutely proud.

Also, oan a lighter note, Ah just wantae give a heads-up to everybuddy who was givin me hints and tips oan how tae put food in the freezer. Ah now know how to get a length of sausage intae deep freeze, so that's been good.

Right, over to some questions. We've got Angus... Angus from Dundee. What's your question, Angus?

Q: First Minister, is it true that Donald Trump is going to ask the Scottish Government to help him furlough all his staff and bail out his hotels?

FM: Well, as you know, me an Mr Trump are very good personal friends. Ah'm jokin! Ah widnae gie

the arsehole the smell aff ma piss. He's not gettin a
penny as far as Ah'm concerned. He's got the brass
neck to be askin, don't even get me startit, Ah'll end
up gettin heartburn thinkin aboot it Ah'm up tae
high doh. Right, next question.

q: Will Christmas be cancelled as we know it?

fm: WILL CHRISTMAS BE CANCELLED?

Well as far as Ah know, Bunty, Santa hasnae been
furloughed.

Christmas hasnae been cancelled. Ah've goat ma eye
oan a wee case o gin an a nice set o Carmen Rollers.

But listen, Ah'm just tryin tae stoap people fae diein.
Ah'm no in charge of public hoalidays. We're aw
just tryin to fuckin stey alive here. *That's a really
weird question.* Stephen, what aboot you, have you
cancelled Christmas?

Stephen (icmo): Naw, as you say, Santa's no been
furloughed. It's just gonnae be a different kind of
Christmas. To be honest, Nicola, Ah'm quite lookin
forward tae it. It'll just be me and my own family
in the hoose, we won't have aw wur irritatin fuckin
family roun the table demandin food, crispy nuggets

39

an prawn rings an aw that shite, an aw yer drunk
aunties wantin tae touch aw yer stuff an rub yer
heid an flick yer ears an demand that ye dae a wee
Christmas song. So it's just gonnae be a different
kindae Christmas, but it might be a better wan. Back
to you, Nicola.

FM: That's true Stephen, silver linins.

Right everybuddy, stey safe. We are done here.

*Where's ma handbag? Can never fuckin find it.
These shoes are killin me.*

FRANK get the door! Ah'm gettin a wee plate o
soup.

Nicola and Trump and the bleach

24 APRIL 2020

FM: ... Ah cannae hear you, hen, your computer's no workin. Right, over to the next question. I believe it's aboot Donald Trump.

Q: What do you think of suggestions from Donald Trump about UV light treatment and injecting disinfectant into the body?

FM: Did he actually say that? Fuckin hell, he's aff his tree, big clack wanker. Right, John, it's over tae you tae discuss INGESTIN DISINFECTANT.

John (NCD): Honest tae God, Nicola, Ah cannae believe he said that out loud. I mean, the man's get the IQ o a rockin horse. Imagine tellin your people tae drink bleach and inject yoursel wi Dettol and get a light inside your body. He's aff his fuckin heid.

Ah think it goes withoot sayin, we don't need tae tell the Scottish people no tae drink bleach. Ah think they already know that, they've known that since they wur three years of age. Fuckin man's an ABSOLUTE EEJIT. Ah mean, Medical Officers sittin there and keepin thur mooth shut and sayin fuck-all, whole country's gone tae rack an ruin. Ah mean, he's aff his heid, whit can Ah say? Back to you, Nicola.

FM: Thanks, John. Ah mean, Ah cannae believe we had to actually clear that up and tell people that they cannae drink bleach or disinfectant. At the end o the day, THE SCOTTISH PEOPLE URNAE STUPID. Yeez are steyin in, yeez are daein what Ah've asked, yeez are fuckin brilliant, the weather's gonnae be hoat but yeez are all social distancin and you're savin each other's lives, so thanks.

I cannot believe Trump told people tae drink fuckin bleach. Ah'm oottae here.

FRANK get the door!

Face masks

28 APRIL 2020

FM: The day we're gonnae be talkin aboot face masks an coverin up your mouth. When yer hingin aboot the supermarket an perusin the courgettes an fingerin the apples, jist make sure your mouth is covered.

Now, this doesnae fuckin mean that the social distancin rules have been relaxed, not by a long chalk. We're just askin ye tae put a scarf or somethin owere yer mooth when ye have tae meet people.

DON'T PUT A G-STRING OAN YER HEID. It's creepy an it frightens the shoppin staff tae fuck. So jist a scarf or somethin owere yer mooth so yer no breathin intae wee Agnes when she's tryin tae get herself a yoghurt.

So, everybuddy, when yer oot, keep tae the social distancin, make sure that you're not meetin people, try an make sure that you're stayin in the house, but when you huvtae go oot cover up that big hole in the front ae yer heid. That's all Ah'm sayin.

Now, this is for everybuddy in Scotland and in

England and anybuddy abroad watchin us. As far as Ah'm concerned there are no borders where this virus is concerned. Now, we're gonnae go ower tae big John an find oot whit he does aboot coverin up his mooth. John, whit's your ideas aboot face coverins?

John (NCD): Well, Nicola, Ah pulled a big pair ae Y-fronts right ower ma whole heid, an the bit where yer wee boabie pokes oot, Ah've made a wee space fur ma eye. Ah'm jokin, of course! Ah've nivver done that, that's crazy.

FM: Right, ower tae big Isa.

Isa (CNO): Right. Well Nicola, ye know yerself Ah've never worn ma knickers oan ma heid, no even at that Chrstmas party in 2019. Ah'll tell ye what else. There's a guy two doors doon fae us called Barlinnie Bill, an he used tae wear a perr o tights ower his face, an that frightens everybuddy. So don't be daein that either. Ah just wantae thank everybuddy for coverin up their nose an mooth an no makin everybuddy feel scerred in the supermarket. We're aw daein oor best here, Nicola. Thank you. Back tae you.

FM: The last thing we need tae dae is see people wi a perr o American tan tights ower thur heid! That's no an option either. Ah wantae thank everybuddy for lookin after each other an keepin up wi the rules.

We're gonnae head off now.

Right, where's ma handbag. Ah cannae believe Ah've goat these shoes oan again, ma feet are fuckin killin me.

Ah've goat a wee tuna sandwich waitin oan me. FRANK get the door!

Shave my legs time

1 MAY 2020

FM: Nicola here. Well, it's headin intae the weekend again an Ah just wantae say that not only is it time for me tae get ma legs shaved, cos honest tae God, Ah've goat ma winter pelt oan here, an everybuddy else is lookin forward tae havin a wee bit o time oot at the weekend – WE CANNAE DAE IT. Ah'm just fuckin tellin ye all the noo, we cannae dae it.

People are now seein more traffic oan the roads, they're seein more people oot, an that's because they think, 'Aw, the testin's aboot tae happen.'

Naw. See, the thing is, we've aw been dubbed up for weeks, like the Prisoner of Zenda, an noo because some arsehole oan Facebook says, 'Aw, it's aw gonnae be fine noo, the testin's aboot tae happen, we can go oot.'

Naw ye cannae. Ye jist cannae. If youz aw start gaun oot an start meetin people, we're aw gonnae be back tae fuckin square one. Ah cannae cope wi that.

Ah mean, Ah wis lookin forward tae this week, tae gaun oot an havin a wee shot oan the seesaw at the swing park – me an Peter dae that when naebuddies lookin, he goes oan wan end, Ah go oan the other.

Ye just cannae dae it. Ye're aw gonnae huvtae stay dubbed up the noo. Ah mean, whit d'ye want me tae dae, staun up here an tell ye 'It's okay, drink some bleach'? Ah'm no fuckin Trump.

Right, ower tae big Catherine cos she's got somethin tae tell ye.

Catherine (CSH): Thanks, Nicola. Ye know, people gatherin in the park, people seein the sun, people: 'It'll be awright tae get oot noo, Jeanette.' NO. Ma fuckin nerves cannae take this, if yeez keep this up we're gonnae be back tae week wan. Ah mean, Ah don't know if Ah'm sayin that strong enough. Back to you, Nicola.

FM: Ower tae big Stephen. Whit have you been daein this week, Stephen?

Stephen (ICMO): Actually Nicola, Ah don't think people have given me enough credit fur the quiche that Ah made last week. Goat masel some fresh eggs, a wee bit o spring onion, baked it. It was lovely, absolutely just perfect. Wee bit o paprika in there, Boab's yer uncle.

Ah just wantae say tae everybuddy, thanks very much fur stickin wi it. I know it's hard an we aw want tae go oot, but we just cannae. Ah mean, it's a VIRUS, it's no a fuckin pal, it's a VIRUS.

FM: Right, naebuddy thought it wis yer pal. That's fine Stephen.

It's weird, we didnae expect a wee quiche recipe.

So aye, thanks everybuddy, just keep wi the fuckin programme, that's aw Ah can say. Big cheers to you guys. Ah'm gonnae head oot noo, so thanks. Right.

Ah've got oan different shoes the day. Ow, ow, ow, they're fuckin killin me, ow.

FRANK get the door! Ah don't want quiche.

David Icke says Nicola is too dim

2 MAY 2020

FM: Well, Ah don't know if Ah should be takin brain power advice fae a man that pishes porridge on a daily basis. He makes thoan guy fae the *Tiger King* look like the Quiz Master. He's a fuckin idiot.

This is a guy that tells everybuddy that a Fray Bentos pie runs the world, jellyfush are gonnae take over bingo numbers an a fuckin blancmange is fuckin in charge o the lottery. Ah don't know, he makes that much shite up that every single time Ah see it Ah think, Wow, that's quite a reach. But then he talks it again. He's convinced everybuddy that he's a lizard, an he's actually dressed like wan. An the very fact that he's goat wee Russian dolls behind him oan a shelf frightens me as well. That's a wee wumman inside a wee wumman inside a wee wumman.

Go figure that shit oot.

Nicola says TITS

FM: Right gang, heads up, we've got a new thing, it's called TITS – Test, Isolate, Trace and Support. That's what we're gonnae be daein gaun forward. TITS.

NCD: I'm just gonnae interrupt you there Nicola, it's no TITS, it's Test, Trace, Isolate, Support – TTIS. I don't wantae butt in but you don't want to be shoutin TITS tae the Scottish people, just sayin.

FM: Oh Jesus Christ, yer right. It's TTIS – Test, Trace, Isolate, Support. Noo whit this basically means is, if you've been infected you have to tell people aw the other people you've been in contact wi. Remember back in the auld days when you used to get a wee urine infection and then your doctor telt ye, ye had to tell all your boyfriends and girlfriends n'aw the people ye'd hud a wee tight cuddle wi, it's a bit like that. We're tryin tae isolate this virus, that's aw we're tryin tae dae.

Now Ah know that you are aw thinkin, 'Oh well, there's light at the end of the tunnel.' There's no! The light at the end of the tunnel is a big fuckin steam train comin towards us if we continue to go oot. So

we aw need to keep intae Lockdown till we trace
every fucker who's got this and nail it. Right.

NCD: Ah actually like a wee steam train, so Ah wish
you wouldnae use that as an analogy, Nicola.

FM: Okay, steam trains aside, everybuddy, I want to
thank you for perseverin though the Lockdown. The
longer youz go oot, the longer we stey in, it's that
fuckin simple.

But thanks everybuddy, yer aw stickin with it.

*Now, time tae head off, Ah cannae find my handbag
again. Oh, Ah cannae believe Ah'm wearin these
shoes!*

Ah wanna wee cheese sandwich.

R number

5 MAY 2020

FM: Right today we're gaun to be talkin aboot the R number. The R number is basically how we track on average how many people get infected for every one person who's goat the disease.

Stephen (ICMO): Yeah, Ah've goat it written doon here as the arse number, Nicola. Is that right or wrang?

FM: It's DEFINITELY the R number. Noo it's jist if we can get the R number doon, then we can start to see changes but RIGHT NOW, right now we cannae see any changes, right now we're at a critical fuckin point and there's people who are basically queuin up to get a coffee like naebuddy in Scotland's got a fuckin kettle. People must have coffee in the hoose. An ice cream parlours openin up. You're just gonnae spread this disease and we're all gonnae end up dubbed up until Christmas, so keep daein whit yer daein, stey in hoose, don't queue for coffee, don't go oot, let's get the R number doon and then we can see what's gonnae happen later oan.

Q: Will you be doin everything in line with Boris

Johnson's approach?

FM: Well Ah won't be shakin hauns with Covid patients, Ah'll be daein whit's best for Scotland.

Like, this isnae a competition! This virus is aw ower the world. I just want it tae go away as much as anybuddy else, but I don't wanna be responsible for everybuddy dyin. Widnae sleep a fuckin wink at night.

And see, tae be honest, Ah'm needin a pedicure. Ah've goat hoofs oan me like a cloven wolf doon here an ma Peter's no goat a sharp enough perra clippers to get them doon. So we're aw needin tae get oot an dae wur stuff. But at the end o the day, we don't wantae die, is that clear?

Right, Ah'm off. Ah've got these fuckin shoes oan again, they're killin ma feet.

FRANK get the door! Ah've goat a chicken stew oan the day.

I won't do what Boris wants

7 MAY 2020

FM: Well, hello everybuddy. Basically this whole
press conference is gonnae be aboot journalists askin
me the same question over and over and over again:
'Are you gonnae do whit Boris is doin?' 'Why don't
you do the same thing as Boris is doin?'

We had Better Together rammed doon wur throats
for years and Ah want us to do all this together,
but if Ah go at a slower pace suddenly Ah have tae
go at the pace a man wants to go. Sometimes men
want tae dae things quicker and women want tae
dae things slower an Ah want tae take this a wee bit
slower because Ah don't want people to die in this
country.

An it's aw doon tae 'Oh, what you gonnae say tae
Boris oan the phone?' an 'What you gonnae say
when Boris speaks to ye?' 'Why don't you do whit
Boris does?' 'Why don't you do whit we're doin?'

Ah nivver gave in tae peer pressure. See in 1989
when big Isa Macnamee an aw the Sandras got
a home perm, pure shaggy perm with the purple
eyeliner and wore different coloured leggins an were

dancin tae Flashdance, AH WISNAE DAEIN THAT!
Ah don't bow tae peer pressure. Ah'm gonnae
dae whit's right for the country. If Ah rush things
through and people die Ah'll no sleep a fuckin wink.

So see this, Are you gonnae be daein what Boris is
daein? Anyhow, here's a journalist.

Q: The approach he said is, never mind the quality,
feel the width.

FM: Sounds like carpet fitter. Over tae you, big Alan.

Alan (ICMO): Well Nicola, naebuddy will be feelin
ma quality or my width. That's actually in the rules.
Wur just tryin to save people's lives. Ah mean, what
the fuck else can we dae? Wur just askin you stay
in the hoose and no end up killin everybuddy wi a
virus.

FM: Okay, over tae the next journalist.

Q: Are people being allowed to sunbathe if social
distancing takes place or to have a picnic on the
beach?

FM: Fake news! Bad journalist! I don't like your
question. Fake news!

Ah'm jokin. Ah was pretendin tae be Trump there, just to show you the difference between a woman who can actually speak coherently and a crazy bastard that tells people tae drink bleach.

Look, at the end of the day we're gonnae take this slow, we're gonnae take this at the time that we need to save people's lives. Ah'm no up here wantin everybuddy tae stey in Lockdoon, it's not like Ah like the whole country comin tae a standstill and the economy fucked, Ah want everybuddy tae survive, Ah want everybuddy to stey alive and I want us tae dae this when they experts tell us tae let them oot. Stey in, wash yer hauns, stey away fae everybuddy, you know the fuckin rules.

Ohh, ma eyes rolled to the back o ma heid the day. Ma feet are killin me.

FRANK get the door! Get a wee fish supper ready for me.

Nicola and the paddling pool

8 MAY 2020

FM: Hi there everybuddy, Nicola here, it's gaun tae be a quick one today cos Ah've got a wee Amazon delivery comin o ma American tan tights and a pair o flat shoes, cuz these ones are fuckin nippin the feet aff me.

Just wantae say, Ah'm glad that Boris isn't doin a premature evacuation of the rules. He is gonnae do the Lockdown until June, so aw that shite ye read in the newspapers that Ah had tae keep repeatin the answers tae wis aw lies an shenanigans. So, we're gonnae go and speak to Sergeant Wilson, he's got a cupla words tae say for us today.

Sergeant Wilson (CCPS): Ah just want to say it's the weekend and the suns oot. Ah don't gie a fuck if you're a Westend Wendy or if you're a bammy bastard wi your taps aff wi your cans hangin aboot the park – don't wantae see people sittin aboot playin guitar, eatin artisan cheese and aw wanderin aboot thinkin it's okay, the virus doesnae affect you. IT AFFECTS EVERYBUDDY, so fuckin quit it. We're aw tryin tae save people's lives here. Keep tae the Lockdown or we'll be sneckin you up. Back to you Nicola.

FM: Right, thanks everybuddy, Ah'm gonnae go.
Ah've got a wee paddlin pool at the back I'm gaun
to take off ma tights and ma high heels and dip ma
feet in it.

Fuckin corns are loupin here.

But thanks everybuddy for stickin to the rules yeez
are daein a great joab, we are at a critical point.

*Right, where's ma mobile phone? Cannae find fuck
all. Ma feet are killin me.*

FRANK get the door! Ah've goat a wee egg salad
ready.

Stay alert? Naw

10 MAY 2020

FM: Well it seems we're intae the mixed messages again. Boris has dropped STAY AT HOME and startit STAY ALERT. An Ah'll tell you right now, that's just gonnae confuse the fuck oota everybuddy. Ah don't even know what STAY ALERT means, Ah've been alert aw ma life, Ah'm a wumman, Ah look ower ma shoulder everywhere I go.

And people are sayin tae me, 'Why can't you do whit Boris is doin, he's the Prime Minister?'

Well see, when Ah wis a wee lassie growin up, Ah used to say tae ma mammy, 'Can Ah climb the top o the graveyard wall?' And she'd say, 'Naw.' And Ah'd say, 'Why no? Other children are gettin to do it.' And she'd say, 'I don't gie a fuck how other people bring up thur family, I'm tellin you, you're NO DAEIN IT!'

So Ah'm kind of applyin that. I don't care what other people are gettin to do, I'm askin you tae stay in the hoose, tae stay safe, tae wear a mask when you go to shops and not cough over everybuddy. Ah'm sayin that ye can go out TWICE A DAY now tae exercise a bit mair, you know, stretch your legs an that. It's no good for anybuddy but Ah'm tryin to stay on the one message an that one message is STAY AT HOME. I mean, Ah widnae sleep a wink if any o you died because I made the wrang decision.

Right we're gonnae go over tae the journalists tae see what questions they've got.

Q: Nicola, do you think you should be doin what Boris Johnson's doin an if not, why not?

FM: I think I've just made that clear, its Stay at Home. Scotland, stay at Home.

Q: Ah wus gonnae ask the same question aboot Boris, so Ah wus.

FM: What a fuckin surprise. Next!

Q: Ah wus gonnae ask a question aboot Boris too but it seems yev answered it.

FM: Yeah, Ah huv. So Ah'm askin you, Scotland, to STAY AT HOME. That's the single message. Ah don't wantae see conga lines, Ah don't wantae see street parties. Stay at home, follow all the rules, masks on in shops, you know the whole deal. Wur no askin ye tae stay alert, wur askin ye tae stay at home tae contain this virus.

We'll see you on Monday, when I'll be back here, Thank you very much, cheers everybuddy, have a good night.

Right.

Cannae believe STAY ALERT. Whit shite's that?

These shoes are killin me.

FRANK get the door! Ah've got a wee roast chicken in the oven.

Like a divorce

11 MAY 2020

FM: Well it's mixed message time again. It's like when you were a kid and your parents goat divorced and one parent lets you stey up to 5 in the mornin Googlin viddies an watchin TikTok aw night, an sittin in the car park eatin crisps and drinkin ginger ootside the pub, and the other parent's like, Naw, you have to wear your armbands in the swimmin pool, you have to be in bed at 9 o'clock, you have to make sure that ye eat your vegetables. Like Ah hate bein bad cop. A cerr merr aboot you no diein than you no likin me. I would rather you steyed safe. So, see aw that, I wantae be up tae aw hoors watchin Netflix an talkin tae ma pals on the FaceTime an the WhatsApp. Won't be happenin in this hoose.

Wash your hands, stay safe, don't go oot unless you need tae. You *know* the fuckin rules. Don't make me run ma toe up the crack o your arse.

No, sunbathing is not an exercise

11 MAY 2020

FM: Hello everybuddy, Nicola here. And yes, I am dressed like a Las Vegas sexy sailor, but it's the last outfit I've goat fae ma Pippa Dee collection in the wardrobe so yer all gonnae huvtae deal wi it.

Boris is relaxin some rules in England. And no, it doesnae matter how many journalists ask me, IT DOESN'T APPLY IN SCOTLAND. This isn't a political point this is just the law. Look, Ah don't want tae be up here every day moanin at everybuddy. Ah don't want tae be liked. Ah want to save your life. So wur still gaun wi STAY AT HOME. Don't go out unless you need tae. Don't make me chase ye and put my toe up the crack o your arse. Right, we're gonnae go over tae a journalist called Ben and he's aye goat his guitar, so let's see what he's got to say.

Q: Nicola, what tune would you like me to play on my guitar? The request is yours.

FM: Well, Ah wis gonnae ask you to play '500 Miles' by the Proclaimers, but we cannae walk 500 miles, we've goat tae stay close.

An Ah'll tell you somethin else. See this, 'Ah'm gonnae go sunbathin, is that an exercise?'

When wis lying oan a beach oan your arse an actual exercise? How many calories does that burn? NONE! So stay in the house.

Right, see you all tomorrow at the same time, thank you very much, stay at home.

Right, where's ma good pen? Ah've got oan these white high heels, they're fuckin killin me.

FRANK get the door! Ah've goat a wee fish supper ready.

My haircut and golf

12 MAY 2020

FM: Hello everybuddy, Nicola here. Well it's Tuesday and, yes, Ah'm wearin the top Ah had oan last week. Washed it last night, tried tae dry it over the radiator, still a bit damp on my back but Ah'm dealin wi it.

Well, we had Boris last night doin his bibbity bobbity boo on the rules of coronavirus. Ohh. So it seems that your children can't see their grandparents but they can see a childcare minder or a nanny, but they cannae actually see thur grandparents. So, if you hire your grandparents as your childcare and you yourself make you the cleaner of your own parents' house, then you can actually go and see your parents, as long as you keep a window open. Ah don't fuckin know, it's that confusin. But at the end of the day, you can still play golf in England as long as it's wi somebuddy you don't know. Anyway, over tae a journalists who'se asked a very important question that's grippin the Unionists of Scotland.

Q: I've been reading Twitter and the Unionists in Scotland say you've actually been visiting a hairdresser and breaking the rules of Lockdown to get your beautiful locks seen to. Is this true, Nicola?

FM: Well Alistair, to be honest, if you ask any hairdresser in Scotland, every single wumman who owns a perr o sharp scissors is in fact a hairdresser. Ah mean, Ah've got the most basic, boyish cut that's possible an Ah trim a wee bit aff it every day.

But gaun back oantae more serious matters, Ah've had people sayin, Why have you no done this Lockdown earlier? And people sayin, Why is this Lockdown still oan?

Look, at the end of the day wur just tryin tae save fuckin lives. Ah cannae be dealin wi this. You need to stay at home and stay with the rules, or we're aw gonnae die. Ah don't know how tae put this in any other wey. So, cut the shite aboot ma haircut and let's go on tae serious matters. Stay at home and wash your hands. Follow aw the normal rules you've been told and we'll get oottae this sooner.

Right, Ah'll be here the morra, see you then.

Right Jeanette, move oot the wey, ma feet are fuckin killin me.

FRANK get the door! Gonnae somebuddy go for a sausage supper for me, wi a wee pickle.

Mass gatherings

FM: Well hello everybuddy, it's Nicola, it's Thursday.
Ah'm wearin ma wee purple crossover ballet top, it's
one ae ma favourites.

Just to gie you a heads-up, still never got a pedicure
but I found some o Peter's sandpaper, did ma heels
and rubbed a wee bit of olive oil on them, so that's
as good as it's gonnae get.

Noo, people keep askin me, we've seen what's
happenin in England, people are gauin oan the
Tubes, people are gauin on the buses, people are
gauin back to work, you need a nanny or you need
a housekeeper or you need somebuddy tae dae yer
gardenin. DON'T EVEN FUCKIN START ME
ABOOT GARDEN CENTRES!

Ah'm askin yeez tae stey in the hoose, this is the best
Ah can dae fur Scotland. Just stey in the hoose, wash
your hands, don't go out unless you need tae an
wear a mask. Ah mean, Ah don't know if you want
me tae dae physical theatre and dance to explain
that to be honest. Right. Stephen, what have you
been doin.

Stephen (ICMO): Now you mention it, Ah've actually made a song up.

Consider yourself, virraall,
Consider yourself, one ae the spreaders,
It's gettin...

FM: Christ, you should be doin your online glee club. Right, here's a decent question.

Q: There's mass gatherings planned for Saturday in parks over Scotland to protest Lockdown. Do you want to give a message for those thinking o gaun along?

FM: Well, Ah dae have a message. If you wantae to go to a mass or a mass gatherin, you cannae dae it, it's actually against the law and the police'll be there and they'll fuckin sneck you up for that. DON'T GO TAE THE PARK, DON'T BREATHE IN EVERYBUDDY, DON'T KILL YOUR FAMILY. It's basically that simple. Right Jeanette, gonnae do me a favour, gonnae make sure ma skirt's no tucked in ma knickers cos it feels as though it is.

FRANK get the door! Ah want a wee baked potato the day.

Hula hooping

15 MAY 2020

FM: Hi everybuddy, Nicola here. It's Friday afternoon, we're facin the weekend. Ah've got oan ma lovely wee top that Bridie McBride got me oot the catalogue. No wearin ma best, but Ah huvtae say Ah should o thought that through.

Noo Ah just want to thank absolutely everybuddy for steyin in. Ah know wur eight weeks in and we're aw gettin fuckin Lockdown fatigue and there's a couple o ye gaun, 'Ah'm just gaun tae go oot at the weekend.'

You cannae! You're gonnae just kill people. The merr you go oot, the merr we have to stey in. And see these bammy bastards that think it's awright to gather in the park – you're just a bunch o killers, you're just spreaders, that's aw you're gonnae dae.

So stick with it, stey in the hoose, wash your hands, wear a mask, keep away fae everybuddy. You can now exercise twice a day.

Ah saw a man this mornin, it's 6 o'clock, runnin through the streets. Ah mean, he wisnae even bein chased or anythin. Fair fucks tae him, Ah couldnae dae the runnin. Ah dae a hoopla. Ah spin the hoop roon ma waist, honest tae God, these hips don't lie. Peter has to move aw the Capodimonte ornaments oot the wey and shove the big telly intae the coarner and Ah go fur it.

Ah just wantae say thanks, Ah know we've aw goat Lockdown fatigue but you guys are doin a brilliant job. When we look after each other we're lookin after the community. Don't be wan ae these idiots that wander aboot the streets and think you can get away wi it. You cannae.

Right, Ah'm oottae here. *Oh ma hips don't lie.*

FRANK open the door! Ah want a saveloy supper.

Golf and fishing

FM: Hi everybuddy, Nicola here. Yes, Ah am werrin the white jacket that Ah wore a Bunty's weddin last July in Rothesay. But Ah want tae thank everybuddy who didn't go tae the protest at the weekend, except for that one guy, Shuggy, and his burd, Amanda, who managed to stand in the Glasgow Green and tell everybuddy that Irn-Bru is the cure for coronavirus. Well, heads-up, it's not.

It's Mental Health Awareness Week an wur aw tryin tae look after each other. We get up in the mornin, we put oan our emotional lifejacket and we try an keep wur family afloat. Ah just wantae say tae everybuddy oot there, we're all frightened, it's okay tae be frightened, and it's okay to admit that your havin anxiety over this. And there is services to help yez. So reach oot an listen tae each other oan social media, phone yer pals an talk aboot it, it's the best we can dae tae stoap this fae overwhelmin us.

On a lighter note, we've decided no tae give the people who put their money intae a tax haven some handouts from the government. See if you don't pey in, you're not gettin peyed money back oot.

Right, we're gonnae go ower tae big Stephen and see whit he thinks aboot the golfin an fishin relaxation that's comin up.

Stephen (ICMO): That's correct, First Minister, if you're intae yer fishin and yer golf, pretty soon you can get wired inyae yer waders an pushed intae yer plus fours. No ma hobby. Ah like tae sing the entire film o *Durty Dancin* on a Zoom party. Would you like to join us in that tonight, Nicola?

FM: Naw, not a chance. Right, here's a good question.

Q: The police have spoken to the author Neil Gaiman after he travelled to the Isle of Skye. I'm just wondering what your message would be to…

FM: Well, if Ah see him, Ah'm gonnae push my buttons intae his eyes like Coraline and Ah'm gonnae give a toe up the crack in the arse. You've been TELT, don't come to this country unless it's absolutely necessary and follow all the rules. Aw, honest tae God, ma fuckin heart's roastit wi the lot o it.

But you're aw doin a brilliant job, you're lookin after each other, you're lookin after each other's mental health and you're stayin at home and stayin safe. The longer we stey in, the quicker we all get oot, that's how it works.

Right, we're oottae here. Right, Jeanette, Ah want a roll an corned beef the day, do you?

FRANK get the door!

Fuckin shoes ur nippin.

I don't have a national Munchausen by proxy

19 MAY 2020

FM: Hello, it's Nicola, it's Tuesday and today's press briefin, accordin to the press, is gonnae be sponsored by Nike.

Here's the deal. Right at the beginnin when this Covid virus hit Britain and especially Scotland, we didnae know what we were dealin with an Ah made decisions then that Ah stand by.

Some people will disagree wi it, an you've got every right to disagree wi it, but what you've no goat is the right to fuckin politicise every decision Ah make. An listen up Bunty, Ah neither enjoy nor embrace this nation being sick. Ah don't enjoy watchin people in this country dyin an strugglin wi Covid. Ah don't have national Munchausen by proxy syndrome, where Ah'm hopin everybuddy gets ill so I can display my organisation and leadership skills. It's fuckin ridiculous and yous aw need tae gie your head a wobble. You guys are daein the best you can in the circumstances given. It's Mental Health Awareness Week, we're aw bein kind to each other and we're aw tryin wur best.

Stey in the hoose, wash your hands, wear a mask if you need tae go oot. We're aw daein it, it's all repeat rinse, repeat, but we're all oan it. Now, over to big Stephen. What happened to you yesterday?

Stephen (ICMO): Yes Nicola, when I entered the press briefin yesterday it seems the back flap of ma jacket was tucked intae the back o ma troosers an Ah wis showin aff ma very tight buns. Ah'll make sure that doesnae happen again, in fact Ah've got two safety pins, Ah pin them down intae the arse o ma troosers. Thank you.

FM: Good idea Stephen, always check yur flaps arenae tucked in at the back.

Right, everybuddy, it's Mental Health Awareness Week. Look after each other, be kind to yourself and thanks so much for keepin this country safe by doin all the work you're doin. Thank you. Right, Ah'm oot o here. Oh no, Ah've got oan these fuckin shoes, they're killin me.

FRANK get the door! Ah want a crispy pancake the day.

Rumpy pumpy

22 MAY 2020

FM: Hi there, it's Nicola here, Ah've got oan ma
Friday talk, WOOHOO.

Now, just to give you a heads-up, you can now meet
other members o your family – not all together.
DON'T THINK BIG BIRTHDAY PARTY. Think
one family at a time, separately. And it hustae be
ootdoors. Ye cannae go anywhere near them,
2 metres apart, have a natter in the street or go tae
somebuddy's garden, but you can't meet them aw
at the one time. And for the love of God, make sure
you've emptied your bladder before you go, don't be
goin intae thur hoose an havin a pee, cos as sure as
fuck you'll leave a virus behind if you've got it and
you don't know it. So wur slowly tryin tae dae this.
So ye kin meet people from other families, no aw at
the one time, ootside, 2 metres apart.

Right, we've goat a question fae a journalist now.

Q: The Prime Minister could well visit President
Trump next week. I'm just wondering if you have
any suggestions about what the Prime Minister
should say to President Trump?

FM: Oh, Ah never knew he was gaun tae see Trump. Mebbe he could tell him tae haid back an dial doon oan the disinfectin chat and maybe wear a mask and stop tellin everybuddy's positive-negative-positive, and mebbe actually make a statement that makes sense tae people. Other than that, nane ae ma business. Right, next question.

Q: And can I ask what advice you'd have for couples who live separately, who will be meeting up for the first time. And is it realistic for them not to, sort of, get too close?

FM: Well, Ah'm awfie sorry, but there'll be nae rumpy-pumpin or hanky-panky. They can pretend they're in a Victorian novelette whur they stand 2 metres apart, like they used tae dae in the auld days and somebuddy needed a chaperone. Ah mean, they cannae get too close, they should dae that FaceTime thing that young people dae that Ah've heard happens. Anyway guys, wur headin intae the weekend an I just want to thank you, yous've aw been awesome. We're aw daein wur best. See you on Monday. Right, Ah'm oottae here. Cannae believe Ah says rumpy-pumpin. *These shoes are fuckin nippin.*

FRANK get the door! Ah want a sausage supper again.

Cummings and goings

25 MAY 2020

FM: Hi, Nicola here. Well, what a weekend it's been wi all the Cummings and goins, we're all up to high doh. So we're just gonnae crack right on and get on with the press questions.

Q: You initially defended your Chief Medical Officer, Dr Catherine Calderwood, and she went after sustained pressure. Would you admit you originally misread the public mood and is the Prime Minister making the same mistake when it comes to his defence of Dominic Cummings?

FM: Well, Ah didnae defend her, Ah said she'd made a mistake and she apologised straight away. Ah said she'd made a mistake and she actually stood ower there and she said she'd made a mistake. Now Catherine Calderwood isn't a political adviser, she's a Chief Medical Officer and as a doctor she knew she'd ballsed up, so, she had to go.

The difference is, as Dominic Cummings said and Boris Johnson said, Dominic Cummings did the best he could as a parent, he was actually bein a really good parent, so does that mean all the parents out there who've been strugglin with our children and not givin them tae family, they're actually bad parents?

You cannae have one shoe oan one shoe off and say you've got a pair. That's just fuckin basic logic. So Dominic Cummings is wrong and Boris is defendin him, so you can't compare apples wi perrs here, do you know what Ah'm sayin? And to be honest, I feel a bit sorry for Boris. Ah mean, Ah don't know what Dominic's go over him, but people had to say cheerio at a funeral oan an iPad, people couldn't be wi thur loved ones when they died. And Dominic's come up wi this excuse that he could go drive all the way Durham and all the way back and see his parents and everybuddy's gaun, 'Well, what aboot us?' Ah mean, it's fuckin tough gaun but the day's no done yet. Apparently Dominic's got a press conference today later oan so we'll see if it comes oot in the wash. So, you know the rules. Stay at home, wash your hands, wear a mask if you're in the shop. We'll see what pans oot this week and see if we can get some ease on the Lockdown. Thanks everybuddy for watchin.

Ah'm oottae here. Aww, these shoes. Durrum, durrum, durrum.

FRANK get the door! Ah want a wee fish 'n' chips again.

Test and Protect

FM: Hi there, it's Nicola here. Ah'm wearin ma nice wee summer check jacket.

Well, today is all about Test and Protect. Remember ages ago it was Trace, Isolate, Test and Support… and anyhow, that came oot as TITS. So we're now goin for Test and Protect. Basically, if you've goat any symptoms, from Thursday you contact nhsinform.scot.

Now I know it sounds like your grassin everybuddy up but basically what we're doin is, if you've got any symptoms you get tested and then you tell us everybuddy you've been in contact wi so we can nail this fucker o a virus doon an try an make sure we use technology to get us out of the Lockdown. So Test and Protect on nhsinform.scot. That's what we're gauin for, it's gonnae be like the wurld's biggest computer game, but it's savin lives.

Right, we're gonnae go for a question and Ah fuckin hope it's no aboot Dominic Cummings.

Q: What's your reaction to the resignation today of Douglas Ross?

FM: Well, ferr fucks tae him. Ah mean, he's not gonnae stand by while aw his constituents have hudtae isolate and no attend funerals. Ah mean, no everybuddy's got Dominic's back and we've been through this and Ah still don't understand how a man's got blurry vision an decides tae jump in a car wi a kid tae see if he can drive. Fuck knows how that works! But it is what it is and Ah'm done talkin aboot him. Ah don't even wantae hear his name again.

Right guys, the sun's oot, Ah'm askin you tae stay in the house just now, stick wi the Lockdown rules. Things are gonnae ease up soon and we wull get oot ae this. Thanks very much fur stickin wi it. TEST AND PROTECT is the new words, you can see them there.

Right, Ah'm oottae here. See you all tomorrow and have a good day. Right. *Aw, ma feet are killin me.*

FRANK get the door! Ah want a wee chicken salad.

I've seen *The Sound of Music*

28 MAY 2020

FM: Hi there, Nicola here. Well, it's Thursday, we're aboot tae hit the weekend an we've got a new Phase 1 happenin. It means that ye kin meet people of another family, but ye huvtae meet them ootside.

This weekend people'll be wantin tae dae barbecues, they'll want tae be havin picnics, but Ah'm tellin ye right now, ye huvtae bring yer ain food, yer ain cup an saucer, yer ain spoon, yer ain sandwiches, don't be touchin other people's stuff. Ye can only meet ootside, so if you dae go tae somebuddy's barbecue, make sure ye've got toilet facilities wi ye – or a big nappy, or don't stey too long in case you need a pee. That's basically what we're sayin: you can now meet people from another family but you huvtae arrange yer ain pee facilities.

And don't forget tae wear a mask in shops an you huvtae keep washin your hands. Right, over for the first question.

Q: Independent retail shops that sell clothes have to remain closed. They tell us that's unfair. What can you say to them?

FM: Well, clothes shops aren't essential. Ah've seen *The Sound of Music*. She made seven sets o matchin lederhosen oottae curtains withoot a sewin machine. An ye dae have online shops, so fuckin get that intae yer heid, Bunty. Right, over tae *The Sun* for a question.

Q: First Minister, when will couples be able tae get thegether and actually have a we bit o intimate contact, so to speak?

FM: Well, Ah'm no the Minister for Pumpin an it looks like naebuddy's gonnae be gettin thur Nat King Cole for a while – you huvtae stey 2 metres apart. It's either that or this disease comes back.

Look, it's gonnae be a warm weekend, we need tae stey 2 metres apart. Ye kin meet people ootside. We're slowly bringin this Lockdown down, as slow as we kin, so it doesnae overwhelm us. Ah'm no happy aboot it, Ah'm wantin tae go tae the beach an dae a wee bit outdoor yoga, but Ah cannae. We're aw in the same fuckin boat here.

So, 2 metres apart, but enjoy the sun and don't be eatin other people's sausages at a picnic. An make sure you check out the Tests and Trace app. Right everybuddy, have a really good weekend, Ah'm

sure it's gonnae be nice, don't flock tae beauty spots an make sure you aw stey apart an meet your pals ootside.

NAE CUDDLIN!

REMEMBER! NAE FUCKIN CUDDLIN!

Aw, these shoes are killin me.

FRANK get the door! Ah'm wantin a wee piece oan jam the day, or a wee Bakewell tart.

Taps aff

29 MAY 2020

FM: Right, Ah'm sweatin. Where's ma good clicky pen?

Alan (NCD): Ah'm wearin ma summer slacks today, Nicola.

FM: Yeah, well spotty Alan. Right, it's gonnae be an roastin ootside so it's taps aff, 2 metres apart. Old-school: 6 feet apart.

It's gonnae be a hot weekend, so yez aw kin go out, ye aw kin meet people, but ye huvtae be 2 metres apart. You cannae meet people fae other families aw oan the wan day. Ah know that yez are aw desperate to meet yer family and yer pals an yer desperately gonnae want tae hug them, BUT A HUG MIGHT SPREAD THE BUG. And you couples that have been separated, you cannae play Russian roulette with your sexual intentions, so there'll be NAE RUMPY-PUMPY NAT KING COLE DIDDLY-DO. You're just gonnae have to stave off that wee bit longer.

Ah mean, Ah know it's really hard when it's sunny. Ah wantae head doon the caravan wi aw the

Sandras, big Isa, oor Jeanette and Philomena, play a bit o Bingo an jist get a wee bit drunk, have a singsong roun a boanfire.

Cannae happen.

This is Phase 1. Let's no fuck this up, guys.

Taps aff, 2 metres apart. Enjoy the sun, cover up your skin and stey safe.

Alan (NCD): Ah'm gonnae wear ma speedos around the back court this weekend, Nicola.

FM: Please don't take a selfie then put it oan the WhatsApp group! An thankfully ye've goat a big high fence roun your garden, so that's helpful.

Right everybuddy, make sure you look efter each other, solidarity and love tae all o ye. See you oan Monday. Right, where's ma good clicky pen? Oh, cannae find anythin.

These fuckin shoes are killin me. Ow! Ow!

FRANK get the door! Ah want a corn on the cob.

Alan (NCD): *Ah'm gettin ma speedos oan.*

You were TELT

FM: Well, everybuddy it's Monday, it's Nicola here,
and all Ah can say is, you bammy bastards that went
oot ower the weekend because, 'Aw, Cummings an
Boris, they can go out, we can go out.'

Well, would ye jump aff a fuckin cliff if somebuddy
else did it? Would you put your hand in the fire if
you saw somebuddy else daein it?, as ma mammy
used to say. Look, we had 797 dispersals with the
polis an aw you bammy bastards that thought you
would take a picnic and head tae Luss and self-
isolate oan a beach that had 600 other people oan it,
are you no listenin? THIS VIRUS IS OOT THERE!

An see if yous aw keep gauin oot an think, 'Oh, it
disnae affect me – we're aw gonnae die.'

You were fuckin TELT! Taps aff, 2 metres apart.
And here's another point. See thoan people that
keep goin oan the Internet an sayin that Ah've had
ma elaborately designed hair done... look at it! It's
basically a boy's cut that you could trim wi a perr
o kitchen scissors. An Ah've done ma roots wi a
wee touch-up. Honest to God, see if yeez were merr

focused oan steyin in than you wur oan ma hairdo, this country would be in a better position. But Ah wantae thank aw the good people that didnae go oot at the weekend and go mad for it and end up giein each other the coronavirus. We're gonnae have to just dae whit wur telt.

Right, Ah'm gonnae have to calm doon noo. We're gonnae go to some questions. Right, we cannae hear ye Archie, you're oan mute. Press the mute button... yeah but Ah cannae even...

Right, listen everybuddy. Och Ah mean, Ah know how it feels. Ah wantae put oan ma good summer shorts an ma sandals, ma wee sling-backs, an go tae a roof garden an get drunk with ma pals and sing the Spice Girls, cos Ah'm brilliant oan the karryoke. But guys, yeez are travellin miles, yeez are gaun tae beauty spots, yer takin this virus up intae the Highlands. We aw need tae stoap it. Right. Ohh. See you all tomorrow.

Right, where's ma good clicky pen? Aye. Got that. These fuckin shoes!

FRANK get the door! Ah'm wantin a wee chicken Kiev the day.

Face coverings

4 JUNE 2020

FM: *Ah cannae find ma good clicky pen. Has anybuddy seen ma clicky pen?*

Alan (ICMO): *Nicola, Ah think Ah need a pee, honestly.*

FM: *Oh shut up, Alan, you had your chance before we come in.*

Right. Hello everybuddy, Nicola, here. Today we're gonnae be talkin aboot face coverins. So we're just askin you make sure that when you're in a shop you have somethin to cover your face. You can make a wee scarf or make it oot a piece o clothin. Ah mean, it's nice tae see big Theresa's back – she is brilliant. If ye go tae hur wee Etsy page you can see that she makes them oot hur Union Jack knickers. So it's dead easy tae make a face coverin an we're just askin you tae dae that.

Right, we're gonnae go to a question.

Ah cannae hear him. Mate, you're too close to the camera. Lean back Tom, lean back. Press the button.

Aw, wur just gonnae huvtae go tae another question.
Q: Just to return briefly to the face coverings issue, would you encourage people to challenge others who are not wearing them in shops?

FM: No, Ah certainly would not advise the public to challenge each other over face masks. The last thing we need to see all over TikTok, Mumsnet and Facebook is a couple o fuckin eejits ragdollin each other beside the bundle of satsumas because 'oor Catherine didnae have oan the right face mask'.

Stop challengin people. When you're in a supermarket cover up your mooth. Put a sock in it an stoap breathin oan people.

Whit a fuckin week it's been. Ah'm uptae high doh again.

Right, look efter each other, you know the rules. Take care.

Ah'm oottae here. Where's ma clicky pen?

You still need a pee, Alan?

FRANK get the door! Ah want a roll on macaroni cheese the day. *Ah know it's weird but Ah like it.*

Shameful Tories

8 JUNE 2020

FM: Hi there, Nicola here. Yeah well, it's Monday an honest tae God, if Ah see one mair bit o banana bread Ah'm gonnae fuckin throw a brick through ma kitchen window.

This has been the longest enforced Lockdown anybuddy's ever had. It's like creepy version of *Tales of the Unexpected*, like bein stuck in a caravan wi yer relatives an in-laws and people you don't like an we're aw slowly unravellin. But you guys have done an amazin joab, yer aw stickin tae the Lockdown, an the people that don't, we can only worry sick aboot them.

An Ah know that the shieldin group, yous are gettin certain information an a letter went oot wi a mistake in it, but we're tryin tae sort that an we're tryin wur best. It's like that time they left me in charge o the Pippa Dee Club an Ah fucked aw the letters up. But anyway, we're gonnae go tae a question. Over to the first journalist.

Q: You referenced an administrative error. But the Scottish Conservatives this morning have called for the Health Secretary to be sacked seeing as this is just the latest of a series of mistakes that have been...

FM: Is this the same Scottish Tory Party that said absolutely fuck-all when Dominic Cummings found his eyes were a bit shonky an he thought he'd drive to see if they would fix, wi his child in the back o the car, aw the wey tae Durham, an he never goat the sack?

Is this the same Scottish Tories that watch the death toll in England and the PPE no bein delivered but have absolutely no say-so in it? They've nae shame! Nae shame at aw! We are dealin wi an unprecedented global pandemic, an all they can do is try and play party politics? An Ah've tae sack somebuddy because they say so? They wouldnae know how tae fuckin recruit the right people, never mind sack them. TELT! Right, Ah'm gonnae calm doon. Have a good night. See you aw here at half 12 the morra. Thank you very much for lookin eftir each other.

Fuckin Scottish Tories. Nae shame at aw! Ye'd need tae rub the Brasso oan thur neck.

FRANK get the door! Ah want a pie an peas.

Social bubble

11 JUNE 2020

FM: Nicola here, it's Thursday. Just want to start off wi talkin aboot statues, to reassure everybuddy the wee Greyfriars Bobby statue in Edinburgh will no be pulled doon, so you can still go there, socially distance, and rub the Boabie.

Now, social bubble is another big thing that's happenin this week. Apparently Boris down in England says you can meet your partner in the social bubble that you haven't seen for ages.

But there will be no social bubble pumpin in Scotland. Ah'm sorry, it just is what it is, we're tryin tae make everybuddy stay alive, so you need tae haud that in.

Right, over tae a journalist for the first question.

Q: Nicola, it's ma sister Catherine's birthday. Can you do a wee funny video for her?

FM: Tam, you've got me mixed up with somebuddy else. But guys, have a safe Thursday night. Ah know that yeez are all absolutely gaun mad and the social

bubble means that you cannae meet up wi yer pals
for a bit o pumpin and there's nothin Ah kin dae,
Ah'm tryin to keep you safe.

But tonight Ah'm gonnae put on ma wee outfit an go
an have a singsong in the street. Ma neighbours love
it when Ah dae ma outdoor karrryoke.

So, try an keep safe, wash your hands, wear a mask,
you know aw the rules. We'll see you here tomorrow
at half-past 12. Guys have a good Thursday night
and Ah look forward tae that.

*Right, where's my good clicky pen? Cannae find
anythin that Ah want.*

Fuckin up tae high doh wi the lottae it.

These shoes are killin me.

FRANK get the door! Ah want a wee cheese an
chips the night.

Prosecco and Clooney

Hi there, it's Nicola. It's Friday, it's gonnae be a short wan today everybuddy. Just tae gie ye a heads-up, we're gaun tae stick tae the 2 metres. It doesnae matter what other people are doin, Scotland, we're doin 2 metres. If you don't know what 2 metres is, just think o yer auntie Ann's big pastin table. That's 2 metres. Think o two big alsatian dugs lyin nose tae tail, that's 2 metres.

Well look, it's Friday, Ah'm gettin this jaikit aff. These high heels are gonnae be kicked tae fuck. Ah'm gonnae put on ma flip flops, Ah'm gonnae get oot a bottle o Prosecco, eat four big bags o crisps an watch some George Clooney movies an imagine that he's kissin me. That's how Ah'm feelin. It's been that kinda week. So thanks, everybuddy. Look efter each other, wash yer hauns, keep away fur 2 metres and we're aw gonnae be good in the hood. So, stey safe, the lot ae ye.

Ah'm oottae here. Oh ah love tae love. Ma feet are killin me.

FRANK get the door! Ah want a wee egg salad. *Ah need a pee as well.*

Flags and schools

FM: Hi there, Nicola here. It's Monday. Ah'm wearin ma wee black and white number. Ah got it oota Goldbergs back in the '80s. Ah'm so happy Ah kin still fit intae it. Ah want tae talk aboot the very brave men who turned up yesterday in George Square – absolute heroes – tae protect the statues in case the statues came tae life an ran away. No quite sure whit they wur actually daein.

What a mess that was, what a fuckin weekend. Try tae ask people to stey in the hoose, people tae wash their hands, but no. We've got folk runnin aboot playin statues. So that's goin to endanger a few lives.

Right, this week we're gonnae be talkin aboot schools, well today anyhow, so let's go over to the questions.

Q: Are schools supposed to be back in time for the start of the next academic year?

FM: Just imagine you were in charge of children goin back to school an catchin a deadly disease an then imagine Ah've got a crystal ball and Ah can tell ye when that's gonnae happen. Imagine that's an actual thing. Well, that's how Ah'm feelin right now. We're daein wur best an we're gonnae try and get the weans back to school safely. If ye aw could just stoap askin me the same question noo an again, that would be fuckin grand.

Q: Nicola, Ah've got a different question.

FM: Brilliant. Let's hear it then, Archie.

Q: People in some parts of Scotland can shop pretty easily in England.

FM: So some shops huv opened in England an people doon the south of Scotland are gonnae drive to England to get their messages? If that's a thing, Ah don't know what tae tell you. Sounds fuckin crazy tae me. But you know, people have been oot defendin statues wi flags upside doon doin lions' faces, so fuck knows what'll happen next.

Right. Cannae find anythin Ah'm lookin for. Where's ma good pen? Where's my phone? Where's ma pin number? Where's big Martin's phone number? Ah fuckin cannae find anythin.

Right guys, it's been that kindae day.

Ah hope ye aw look efter each other, wash your hands, keep your face covered when your gaun tae the shoaps and make sure you're lookin after each other. It's the best we can dae.

Right, Ah'm away. Where's ma crystal ball? Feet are killin me.

FRANK get the door! I want a wee vegetarian sausage roll the day.

An two paracetamol.

The pumping can begin

FM: Hi there, Nicola here, just wee update for everybuddy. Intae Phase 2 and this is goin to be very important. You need tae make sure you wash your hands... yeah look, Ah'm just gonnae say it as best Ah kin.

See from the morra, Friday, see if you've been separated for your partner, you can now bring them into your house, stay overnight...

Basically what Ah'm sayin is, THE PUMPIN CAN BEGIN.

Yup, Scotland, get back oan it! Taps aff an get back oan wi the pumpin.

Right, look efter each other.

I'll bet you Frank's gettin ready to get the door noo!

Beer garden

19 JUNE 2020

FM: *Ah beg your pardon,*
Ah never promised yous a beer garden...
along wi the pumpin –
Ah know it's always gonnae be-e somethin...
So ye need tae wear a mask and wash yer hands,
An stay away-ay-ay for 2 metres
(but no me an Peter),
So Ah beg your pardon,
Ah never promised yous a beer garden...

Have a good weekend everybuddy!

We've got a new thing called FACTS

FM: Hi there, Nicola here. Happy Father's Day everybuddy oan Sunday. Ah'm really sorry you cannae go tae yer beer garden. Ah know big Jason's ragin aboot that but them's the breks.

So we've got a new thing for you it's called FACTS. F fur Face coverins, A fur Avoid – that's Avoid everybuddy if you kin, C fur Clean your hands, T fur Two metres apart and S for Self-isolate if yer feelin sick. Ah mean, Ah know it's one o they things that you might no remember an like me you need tae get it stuck right intae yer heid. So there ye are. Ah might o got that mixed up, so here's a wee picture o it. Face coverins, Avoid folk, Cleanin your hands, Two metres apart and Self-isolate if you're really ill. So Ah hope you're really happy and back at the pumpin, so that should put a smile on everybuddy's face. Right, Ah'll see ye all oan Monday. Have a Happy Father's Day.

Right, where's ma good fuckin clicky pen? Ma feet are killin me.

FRANK get the door! Ah want a baked potato an coleslaw... *Ah want a beer garden.*

One metre plus and Boris

23 JUNE 2020

FM: Hi there, Nicola here. Just wantae say that Ah know Boris has moved the rules fae 2 metres down tae 1 metre plus. Ah mean, Ah don't know. Is he expectin every bastard to have a tape measure aboot wi them? The very fact maist people don't know the difference between 6 inches, 2 metres, $1^1/2$ metres... Ah don't even know, an Ah've got everybuddy shoutin at me, 'Nicola, why don't you open up the hotels in the tourist sector?'

Well, Ah'll tell ye, Ah'm no daein this deliberate tae annoy everybuddy. If Ah open up aw the hotels an the tourist areas an everybuddy starts dyin, there'll be no bastard fuckin alive tae go tae these places And then Ah won't get a wink o sleep because the country starts dyin again. Don't make me come oot there wi a measurin tape an put ma toe up the crack o yer arse. Ah've had it up to high doh wi the lot o them. Ah'm tryin tae save people's lives here. Ah'm no tryin tae breck businesses. It's ma job tae try an make sure we all protect others.

Right Ah need tae calm maself doon. Ah'm gaun to see what big Stephen's got to say about this.

Stephen (ICMO): Well, as a scientist Ah know exactly what 6 inches and 12 inches looks like, Nicola, so that's quite a generalisation you've made there. But we're askin people to wear a mask on buses. And if you don't wear a mask, we don't want everybuddy brekin intae a big fuckin rammy. Just try an protect others. It's no that hard. Two metres away, wear a mask if ye get oan a bus.

FM: Right, whatever.

Ah've calmed doon a wee bit.

Right, thanks everybuddy for listenin. Ah'm lookin forward tae gaun tae the hairdresser's next month, because Ah've been rubbin a big brown bingo pen right inta my scalp and let me tell you, that's no been fun. Right, keep safe. Ah'll see ye aw the morra. Look efter each other.

Where's ma good fuckin clicky pen? Right, Ah'm gonnae walk six inches.

FRANK get the door! Ah want a steak bake the day.

Fuckin heid's burstin.

Ducks?

25 JUNE 2020

FM: Aye, so it's Nicola here, it's goin tae be really hot this weekend and as we've seen pictures of the south coast of England, please don't aw go fuckin team-handit, thousands ae ye wi taps aff sittin cheek by jowl wi yer arses at each other's heids on a beach.

The virus is still here, we're still havin tae protect each other, we're still having tae self-isolate and we're still havin tae keep 2 metres apart. So if you don't aw wantae die afore August, it'd be a good idea if you aw fuckin kept tae the rules.

Right, we're gonnae go to a journalist who's got a very important question about education.

Q: It sounds like you haven't got all your ducks in a row yet...

FM: *Listen tae this aresehole. FUCKIN DUCKS IN A ROW!*

Okay, here's the deal. See if Boris Johnson and any Tory in Scotland has goat the absolute fail-safe idea of how tae send children back tae school withoot one child contactin another child and gettin a disease that they'll bring back to thur family or harm them – if they know how tae dae this withoot one child bein harmed, tell them tae let me know. Ah'm all ears.

As it stands we're dealing with a global pandemic, parts of America and parts of Australia are now facin thur second wave. We're daein the best we kin wi the tools we've goat, and that's it.

Noo the sun is oot, it's gonnae be hoat this weekend.

Where's ma clicky pen? Ah'm puttin oan ma bikini.

FRANK get the door! Ah want a double nugget aff the ice cream van.

Hadrian's wall

30 JUNE 2020

FM: Hi there, Nicola here. Well, it's Tuesday. Just wantae tell you that Ah've had big Theresa oan the Snapchat aw night, she's been gaun right aff her heid aboot Michael Gove. Honest to God.

Theresa [speaking in the House of Commons]: That wis me had to come back fae Torremolinos on ma wee holiday to ask you, Michael Gove, why a guy who's a political appointee is now the National Security Adviser? Ah mean, the last time we saw him he was collectin trolleys ootside a supermarket. You're supposed to be pittin people who are right for the joab, no you're fuckin pals. *Up tae high doh wi the lot ae it.*

FM: So Ah've managed to calm big Theresa doon. But listen, coronavirus is on the down low in Scotland, we aw know that. The cases are doon, the deaths are doon. But you know, you've got tae remember, the Covid is like the Nazis – you think they're gone an then before ye know it they fuckin pop up somewhere else. We have to keep oan this. It's a bit like, Aye, you can take the stabilisers aff yer bike but you still have to werr yer helmet and you

still have to werr yer elbow pads.
Ah'm just petrified noo that we're aw allowed oot
that it'll start runnin rampant again. So we've goat
tae keep bein vigilant! An keep wearing the mask,
keep washin your hands, still dae the 2 metres.

Ah just don't want us aw tae think it's aw gone away
and it rams back up again. So, Ah'm gonnae go tae a
journalists for the first question.

Q: Can you just clarify for those in other parts of
the UK that might be thinking of booking a holiday
from the middle of next month onwards, are they
welcome to do that from the 15th of July?

FM: Thank you, *Daily Mail*. Well, so far we huvnae
got aw the weans to start dain some stone buildin
at Hadrian's wall, despite what you say in your
newspapers.

I am not sayin people fae England can't come tae
Scotland, of course they can. I know that the British
government is dealin wi a pandemic outburst in
Leicester and Ah know that there's been flerr-ups in
Australia and America, and Ah've goat yous askin
me, 'Is there gonnae be a border?'

We're dealin wi a pandemic, ya fanny. Could you

just quit tryin tae nit-pack and politicise every decision people are makin, tryin tae save fuckin lives.

See that's me up tae high doh again. Ah've turned intae Theresa. Right.

So everybuddy, you know what tae dae. Keep washin your hands, wear a mask when you're in the shops, stey 2 metres away an don't go intae crowded places.

Ah'm absolutely exhausted wi the lot ae it. Ah'm gonnae head off noo.

Where's my fuckin clicky pen? Ah'm oottae here.

Ma feet are killin me.

FRANK get the door! Ah want carrot batons and humus.

Border control

1 JULY 2020

FM: Hi there, Nicola here. Well, what a day it's been. If Ah hear the words 'cross border' or 'border control' wan mair fuckin time, Ah'm gonnae tak a quiche an slam it aff the kitchen window. Ah've had it aw day. Boris Johnson is like thon fuckin mayor oottae *Jaws*, he'll say anythin just tae keep everythin gaun, an scorin political points.

We're in the middle o a global pandemic an if he's no daein press-ups, he's tryin tae dae popular political contests: 'Look at me, look what Ahm daein. The Scottish government are absolutely despicable tae say that English people can't come tae Scotland.'

Naebuddy's ever actually said... right, Ah'm gonnae huvtae calm doon. Ah swerr tae fuck, Ah'm gonnae need a chamomile tea when this is done.

Right, let's see what the journalists have got tae ask me today.

Q: My honourable friend, what he knows very well there's no such thing as a border between England and Scotland...

FM: Naw, he's absolutely right, there is no such thing as a physical border between Scotland and England. What there is, is geographical boundaries, which I, as the First Minister o Scotland, am in charge ae. But see if there's nae borders, then everybuddy in England, why don't ye just get free prescriptions, free university education? An let me tell you, Ah'm gonnae come doon tae Newcastle an Manchester an Ah'm gonnae introduce ye all tae Gaelic an Alba TV. LET'S SEE HOW HE WILL REACT TAE THAT.

It's aw shite an shenanigans wi political points. We're tryin tae stoap people fae dyin. That's aw we're daein. But Boris hustae make this a competition, yet again. He's an absolute fuckin idiot an Ah've done wi the eejit.

Right, Ah'm gonnae huvtae calm doon again. That's ma blood pressure gaun right up. Aw right, look after each other, wash yer hands, werr a face mask when yer in the shop. Ye know the rules. Look efter yersels. See ye the morra here, half 12.

Where's ma clicky pen? Fuckin Boris Johnson. Ma feet are killin me.

FRANK get the door! Chamomile tea, a mug ae it.

Track and Trace

3 JULY 2020

FM: Over tae Boris, our dear leader, for the Track and Trace app information.

Boris (PM): ... combined with contract case... contact testing... tracing... forgive me, contact tracing...

FM: Well, that was as clear as mud. Thanks, Boris!

Right, where's ma clicky pen?

FRANK get the door!

Holidays in Scotland

7 JULY 2020

FM: Hi there, it's Nicola here. Ah'm wearin ma wee favourite two-piece Ah goat fur big Jeanette's engagement. Right we'll be talkin aboot air bridges, weddin venues, people who wantae know what's gonnae happen when you go tae the pub, an all Ah can tell you is this. SEE IF THERE'S A SPIKE in this fuckin horrible Covid disease, there'll be nae pubs, there'll be nae weddins an there'll be nae flyin.

An tae people sayin, 'When can we start flying oot the country?' Well, A'll tell you this. Big Theresa wis oan the WhatsApp and she says she's comin back fae Torremolinos and she's headin doon tae Wemyss Bay, cos even she doesnae want tae be abroad durin this. Ah'm just sayin tae ye, help the economy, stey in Scotland. Go an dae yer wee holiday doon at the caravan, get a but'n'ben or go a good wee walkin holiday, socially distancin of course. Ah can only tell ye what Ah'm tellin ye.

The virus is still here. Australia – parts of Australia are back intae Lockdown and Ah'm absolutely frightened that this is gonnae run out of control again. But naw, we'll have the same questions over and over again. Yet nobuddy's askin why the gulls are cawin mad ootside the windaes. That's a question naebuddy can answer. Right, we're gonnae go over tae wur first journalist and see what he's goat tae say.

Q: Looking forward, will you put in your manifesto a pledge to ask for a second referendum?

FM: Listen up, Spunky, this isnae the moment to be talkin about the SNP manifesto an independence. Ah don't know if you've noticed, but we are in the middle ae a pandemic. Ah just wantae try an make sure the people o Scotland are safe. That's ma joab, tae try an stoap people fae dyin. Ah'm not interested in elections right now. Keep aw the gicks an quicks and gimmicks for Boris. He can dae what he wants blamin everybuddy for everythin but himself. Here, that's no whit we dae. We try an take self-responsibility an look efter each other.

Right, Ah'm gonnae go. Ah'll see yous aw here the morra at half 12.

Clicky pen. Fuckin feet are killin me.

FRANK get the door! Ah want a wee sausage supper.

Comedy clubs

FM: Hi there, Nicola here. Well, we've reached thurd base, or Phase 3, as Ah like tae call it.

July the 22nd, ye can go tae the hairdresser's, you can go tae the beauty salon an hing aboot the pubs – but mind the safe distancin. And quite soon, comedy will be registered as an art form and we'll be able tae get some help tae the comedy clubs and they'll open up. Ah don't even know why that come intae ma heid, but it did.

Ah couldnae stop laughin this mornin watchin Jackson Carlaw on the *Sky News* when he was asked how pleased he was that Scotland is copin well wi the coronavirus in comparison tae other parts o Britain, an he near choked oan a fuckin tattie scone.

Ah mean, the Scottish Tories would rather we wur aw just fuckin oan wur knees than admit that we've actually did a good job from the Scottish Parliament. Like that child that says, 'Thank you fur gettin me a helmet fur ma bike. But Ah'd rather o banged ma heid oan the pavement just to prove you wrang.'

Don't ask me tae work oot that psychology.

Right guys, don't make me put ma toe up the crack o yer arse. Safe distance, you need to wear a mask in the shoaps and oan public transport. You'll see all this on the websites, check it out and look efter each other, DON'T LET THE SPIDERS COME BACK AN GET US AW.

Well, thanks everybudddy.

FRANK get the door! We're headin oot.

Face coverings

10 JULY 2020

FM: Right everybuddy, it's Friday and Ah'm wearin ma lovely wee top that Ah got off the Internet. Gorgeous! Arrived yesterday. Ah've also got one in pink.

Right, just tae gie yeez aw a heads-up oan what's happenin. The face coverins are noo mandatory, meanin that ye aw stand in the shops wi yer phones oot hopin tae catch some bammy bastard no wearin a mask so you can have a fight an upload it tae the Internet.

We're just askin you tae werr a face mask. It's dead important – an it's now the law.

But Ah don't want this to descend intae fuckin chaos and FOLK FIGHTIN OWER THE CHICKPEA CANS aboot who didnae an who did werr a mask, an who's a Karen and who isnae. Ah cannae be dealin wi it. Ah've got enough oan my plate.

We're aboot tae go intae Phase 3, where merr people can start meetin. There's 8 people fae 2 families, there's 3 people fae 6 families... an look, the deal is, try an meet as little people as you kin. We can fuckin put this intae a mathematical conundrum aw we want – the bottom line is, wear a mask when you go to the shoaps an try an no meet that many people. Ah've hid it up tae high doh an we're aboot tae go intae the weekend – and we're gaun intae Phase 3.

And see, tae be honest, Ah'm fuckin shitin masel cos Ah'm petrified this is aw gonnae go backwards cos a BUNCH O NUTTERS think it's awright tae just start meetin in crowds an start havin big family parties an weddins. You cannae. The virus is still oot there an it disnae matter how many times that journalists ask me, 'When do you see an end to this?'

Ah'll tell you, Ah don't know, because ma name's no Madam Misty Moonface, the fortune teller at the end of the pier. Ma name is Nicola Sturgeon, First Minister o Scotland, and Ah'm tryin tae navigate a pandemic to try and keep people alive and get them to follow the rules the best Ah can.

Right, that's me up to high doh again. Ah need tae go.

So where's ma clicky pen got tae? Feet are killin me.

FRANK get the door! Ah want a wee crispy pancake today.

Boris and the face coverings

14 JULY 2020

FM: Hi there, it's Nicola it's Tuesday. Ah've got oan the same tap Ah had oan a week last Wednesday. Anyway, tomorrow you can go to the hairdresser's, you can go to the pubs, you can go to the restaurants, so it's a big high fuckin dangerous time.

Noo, when ye get there, make sure you're wearin a face mask, make sure you dae whit the people tell ye, an there's gonnae be data collection for the Track 'n' Trace – an see if you don't wantae gie your name an you don't wantae tell anybuddy your details, don't bother fuckin gaun. The staff huv awready got enough trouble withoot huvin tae argue wi some idiot that wants tae live aff the grid. See if you don't want your name taken, stey in the hoose.

An it's good to see that Boris Johnson has finally agreed that face coverins are mandatory. Ah know it's botherin quite a lot o the Scottish people who only like Boris an don't like the Scottish government. Well, you can wear a face coverin wi a big Union flag, or anythin that keeps you happy. We're just tryin to keep people safe, we're no tryin tae impinge oan yer human rights, we're just tryin tae make sure the virus disnae get spread aboot the shoaps.

Right, over tae the journalists for the first question.

Q: Concerns have been raised about what is described as 'anti-English rhetoric'...

FM: We're just tryin to control a pandemic. Ah'm no anti-English. Ah'm ANTIVIRAL. So, that's just a given.

Right. TELT.

Honest tae fuckin God, you know that some parts of California have had to shut the restaurants an the pubs doon an went back intae Lockdown. We're just tryin tae keep people safe. We're askin you tae wear a face coverin, stey away fae a busy place, back the fuck oot if it's mobbed, look efter each other.

Right, where's ma clicky pen?

FRANK get the door! Ah want a pizza an a can ae Irn-Bru.

An a fuckin lie doon.

Haircut

16 JULY 2020

FM: Hi there, Nicola here. Well, it's Thursday and Ah'm over the moon because Ah finally got my grey roots done – Ah'd started tae look like a tawny owl an it's been cut wi a perr o nail scissors for the past three months. So it's lookin fabulous.

Ah just wantae say that Ah'm so happy that we can get back tae wur wee bed-and-breakfast an wur hotels. An me, big fella Mina McClatchy, Bridie McBride an Isa McNamee, we're aw headin doon the caravan this weekend at Craig Tara. Cannae wait! Cannae wait tae get the Prosecco and the feet up!

But Ah want to speak aboot people's mental health. You aw know that ye've been through a really tryin time since March and everybuddy is frazzled.

Ah know we've all gottae keep the heid.

Everybuddy stoap fuckin shoutin at each other aboot 'Your face mask is wrong', 'That doesn't look like it's coverin your mouth right'. Just aw try an be a wee bit kinder tae each other. An don't forget,

people are gonnae be worried sick aboot thur kids gaun back tae school.

So aw let's take a wee breather an be nice tae each other. An the kids can head doon the park this weekend an that's gonnae be a good thing. So keep oan a mask, but smile behind it. Archie, what say you?

Archie (DFM): Ah'm ower the moon, Nicola. Ah can get back tae ma rollerbladin an ma figure skatin, which is my favourite thing. You know yourself Ah've been practisin aw the summer in the hoose, so the neighbours doonsterrs'll be ower the moon.

Do you wannae come roller-bladin wi me, Nicola?

FM: Naw.

That's weird.

Right, ower tae a journalist.

Q: Do you want to make sure people can work and trade without barriers, for example over the border between Scotland and England, and why did your party describe these plans as a power pact?

FM: You were told these briefins were Covid-relatit

an no aboot party politics. But naw, you still insistit, so get aff ma telly. That's you telt!

Right, everybuddy, Ah'm so proud o aw the children o Scotland who absolutely stuck to the rules and we are coming oota Lockdown slowly. It is frightenin, the virus is still there, it's no gaun away, but we're aw daein wur best. So all Ah can ask ye is to make sure you wash your hands, stey away 2 metres an don't go intae a crowded place. See you aw here oan Tuesday.

Right, where the fuck's ma clicky pen?

Ow! Ow! Feet are killin me.

FRANK get the door! Ah want a wee fish supper the night, wi some sweetcorn.

Russian interference

21 JULY 2020

FM: Well, Ah just wantae thank everybuddy who wished me happy birthday over the weekend. We'd a wee party roon at ma ma's, Ah drank too much Prosecco, vomited up in the toilet… it's all good in the hood.

Back tae the briefins. Jist wantae say we're doin well, but ye huvtae remember, if wur droppin oor guard, that fuckin virus will come back an get us. If you think everythin's a bit merr back tae normal, then it's no. Ye've goat tae remember the FACTS. Face coverin, Avoid crowded places, Clean yer hands, Two metre distance an Self-isolate.

Ah'm absolutely worried sick that it's gonnae come back an everybuddy thinks it's all over fur the summer. An if Ah hear wan mair piece o shite aboot the Russians tryin tae interfere wi elections, as if that's ma responsibility, Ah'm gonnae take ma shoe aff an fling it at some bastard.

Right, let's go tae the questions.

Q: On Russia. They say that…

FM: Ohhhh.

Q: ... there was evidence that Russia tried to interfere in the 2014 Scottish Independence Referendum...

FM: Right, you were TELT! This is a briefin aboot Covid. Ah'm not interested in this right now. We're tryin tae tell the Scottish people how tae deal with the Covid virus. And we've got nothin in common wi Russia. And see if Russia were really interferin an they we're really good, we wouldnae hae got a No in the referendum.

Right, nae mair Russian shite. Next question.

Q: As you've just said, you are aware that the UK government won't be carrying out its own inquiries. You haven't carried out any inquiries into the 2014 alleged interference, so is this not negligent too?

FM: Aw okay, Spunky, you've clearly no been listenin. See if the British government huvnae launched an inquiry intae the Russians interferin in elections, why is it ma joab tae dae it? It's no ma place tae start investigatin the Russians when Boris Johnson has sat oan this inquiry for months and did fuck-all aboot it. Suddenly it's ma joab? Well, Ah've had enough ae that crap. This is a Covid briefin. This is for the people of Scotland tae learn aboot Covid.

Ah'm oottae here.

Where's ma clicky pen?

Ow! Ma feet are killin me.

Ah've still goat a hangover.

FRANK get the door! Ah want a wee baked potato an tuna the day.

Big fridge in the Orkneys

23 JULY 2020

FM: Aye well, it's Nicola here, it's Thursday, Ah'm wearin ma nice wee fawn suit that Ah goat for the Bond premiere.

I am absolutely aware that Boris is in Scotland. We all know because he's runnin aboot, rufflin his hair, tellin everybuddy that he managed to give money to Scotland, so therefore the Union is very strong. An Ah see the thousands upon thousands o people wi their Union flags welcomin him – jokin! There wis people oot – wi their FRANK get the door! tee-shirts and Saltires.

So, welcome to Scotland, Boris, Ah hope you're treated well up in aw the isolated spaces and deep, deep, deep in the woods.

Now, we're gonnae have some questions today. No doubt they're gonnae be aboot Boris, but Ah do want tae reiterate that we're all daein great, we're all wearin the face masks, we're bein kind tae each other, the shieldin people can come oot. For fuck's sake, keep washin yer hands an 2 metres distance. If we dinnae, it'll come back and then we'll all have tae suffer the absolute fuckin Lockdown through the summer an we don't want that.

Right, let's go tae a journalists an see how many of them can speak aboot Boris!

Q: Boris Johnson has said that the response, particularly economically, to the pandemic has shown the strength and might of the Union. We can probably take it as read that you don't agree with that?

FM: Ye dae know that this is money he has borrowed? The taxpayers will be payin it back. It wasn't a gift! It's money he's borrowed an if Scotland was independent, we could borrow money as well.

So, this isnae aboot economics or party politics, this is a Covid briefin.

This isnae us here tae talk aboot Boris, what Boris does and what Boris doesnae dae, an how the Union looks – if the Union was that strong, he wouldnae be up in the Orkneys avoidin the fridge.

This is a Covid briefin and Ah want to thank everybuddy for keepin the Covid numbers low, every wan o you oot there who did the 2 metre distancin, washin your hands, wearin a face mask and lookin after the shieldin people an lookin after each other's mental health. That's why Ah'm fuckin here fur, no tae talk aboot big BoJo an aw the shite he spouts.

Right, it's been a long week for everybuddy. Ah'm headin oot. Ah'll see you here next Tuesday.

Right, where's my clicky pen? Ah've had enough ae this shite.

Feet are killin me.

FRANK get the door!

Wunner if there's a big enough fridge in the Orkneys?

Ah want cheesy chips and Irn-Bru.

Boris is upset at me

29 JULY 2020

FM: Hi there, it's Nicola here. Ah'm wearin ma wee animal print top because Ah'm feelin like a tiger today.

Just want to give yeez all an update. Naw, the virus hasnae went away. We're still havin tae make sure that we're washin wur hands – and Ah want to reiterate aboot the hard surfaces. Noo, if you see somethin hard near ye, make sure you gie it a good clean before you touch it. Take ae that what you will. Ah've just had news fae Westminster that Boris is lookin for a new public spokesperson to talk for the government an it's a hundred grand that's gaun. Personally, Ah think they should pick somebuddy fae Glasgow. Ah'll no say who, but Ah know there's a few people would be able to spin that shit intae somethin good.

Right. Ah want everybuddy to try and keep thersels safe. We know that the virus hasnae went away an we know that there's gonnae to be wee outbreks. So see if you think that you're back to normal, listen up, Spunky. Right, we're goin to go over for the first question.

Q: I was just wondering, do you think people should feel selfish for going on holiday?

FM: Naw, Ah don't think anybuddy's selfish. Ah'm just sayin tae people that wherever you might choose to go abroad, they might get a pandemic outbrek, the Covid might flare up and then they cannae come home because of quarantine. Ah'm not sayin anybuddy's selfish. Ah'm just sayin, who the fuck knows what's gaun tae happen? And yet again, Ah'm no Misty Moonface wi a fuckin crystal ball that can tell them any different. Ah'm just sayin tae people tae be aware and take care. Everybuddy deserves a holiday, that's why Ah'm gaun doin the caravan again this weekend wi aw the lassies. Me an aw the Sandras are gonnae go tonto this weekend.

Right, over tae another question from another journalist.

Q: Are you aware that the opposition parties at Hollywood have been complaining about these briefings themselves, not the fact that the briefings are happening, but the fact that they are broadcast at length?

FM: Well, tae be honest, there's nothin tae stoap Boris fae havin a daily update on the Covid pandemic. But obviously Boris doesnae want tae dae that. He's got other things that he's awfy busy wi. But of course the opposition's gonnae be annoyed that Ah'm getting some airtime oan the BBC, but Ah'm here to talk to the Scottish public aboot the effects o the Covid pandemic. An see if that's annoyin they fuckers, then they're gonnae have to just suck it up, because at the end of the day Ah'm daein ma joab.

Right, Ah'm outa here. So, make sure you keep everybuddy safe, wash your hands, wear a mask, 2 metres apart, don't go intae crowded places.

Right, where's ma clicky pen?

Fuckin feet are killin me.

FRANK get the door! Ah want a sausage supper the day, wi tomata sauce.

Emotional lifejackets

FM: Hi everybuddy, Nicola here. So it's August in Scotland, so Ah'm wearin my nice wee summer jacket. Hopin everybuddy's keepin well. Please make sure that you abide by the rules now that we've opened up the hospitality and the pubs and restaurants – we're askin people just to look after each other. It's your self-responsibility to do this, not the people in the pub. We're tryin to get the economy started. So, just wanted to say, GET THE DOOR FRANK! tae big Jackson Carlaw, who's left the Tory Party. But of course, now there's competition tae fill the vacuum in that space (*'It's ma turn this time.' 'No it's no, it's ma turn. Jackson said it's ma turn.' 'No Ah didn't.'*) So good luck to the Scottish Tories – that should be interestin.

Just askin people, when you go tae the pub, when you go tae a restaurant, for the love of God, gonnae no aw fuckin crowd in, cos Ah'll tell you somethin right now, if you don't stoap, we're gaun back tae Lockdown. You just huvtae look at the north of England, you just need tae look at Melbourne and other countries around the world – this virus is not gaun away. Right, over tae a journalist.

Q: The cases linked to an Aberdeen pub…

FM: Ohhh, Aberdeen again! Look, yev been TELT.
Ye aw crowd intae pubs, the hospitality's open, you
fuck it up, it shuts down, it's that simple.

Q: Cases are linked to the Aberdeen pubs…

FM: Oh, fuck's sake!

Q: Would you consider a policy of banning under-
25s from pubs if it seems like it's older people that
are better at abiding by the rules?

FM: Naw, we're no gonnae start bannin anybuddy
under 25. We're just sayin tae people, the hospitality
has opened, if you aw crowd intae pubs and hotels
and restaurants and you fuck it up, we're back
to square one. Tools in the store, slam doon the
hatches, we're right back intae Lockdown. Ah
can only tell you what Ah know. Ah'm no Misty
Moonface wi a crystal ball. So Ah hope you've aw
goat oan your emotional lifejackets and keep yer
family afloat and look efter each other. *Ah'm oottae
here. Where's ma fuckin clicky pen?*

FRANK get the door! Ah want a wee tattie scone an
egg roll the day. *Fuckin knackered!*

You were TELT

5 AUGUST 2020

FM: Well, yez were aw told. Ah told yez aw no tae gather in pubs, no tae go oot withoot yer mask, tae keep washin – Ah've told yez fuckin everythin. Ah've told you that this has happened in Melbourne, told you that this has happened in the north of England. But naw, naw, you aw know fuckin better!

So in Aberdeen we've goat a cluster outbreak that we knew was gonnae happen because people just won't fuckin dae what they're telt. Noo we're gonnae have tae dae Lockdown in Aberdeen an choose between pubs an schools, because arseholes wouldnae dae what they're TELT. Don't make me come oot there an put ma toe up the crack o yer arse!

An Ah know that there's people on Facebook an Snapchat an aw yer wee Internet groups gaun, 'Aw, the Covid's no real', an 'Masks don't save ye', an 'It disnae really matter', an, 'Ma pal Karen's a doctor, an she says that the Covid's no a real thing…'

Well, then this is what's happenin. Ye either believe the science, oar ye believe big Tam oan Facebook.

So we're aw gonnae have tae pey attention. Face coverins, Avoid crowds, Clean yer hands, Two metre distance an Self-isolate if yer sick.

Right, Ah'm headin hame, Ah've had enough.
Where's ma clicky pen?

Fuckin feet are killin me.

FRANK get the door! Ah want a wee steak pie supper the day.

Fuckin Aberdeen.

Aberdeen football

7 AUGUST 2020

FM: Well, it seems that some Aberdeen football players decided to head intae the toon an go intae the bars – and they were TELT no tae under all the rules that were said: that's not what you can dae. But fuck it, naw, they absolutely did it. So now we've got an outbreak an Ah've spoken to the SPFLFPTC and CPTF of the football people, and the Aberdeen–St Johnstone game is an absolute no-go. Ah fuckin telt ye, ye fuckin start this, Ah'm takin the baw aff ye an Ah'm bootin it ower the dunny. There'll be nae fitba. You keep this shite up, all the baws are gonnae get bust. Ah'll literally go roun wi ma sharp knife an AH'LL BURST ALL YOUR FITBAWS. So, that's what's happened. Football got the go-ahead an football fucked it up. So guys, you're aw just gonnae huvtae suck it up an dae whit yer telt.

Right, you aw know the rules an you've aw been TELT. Ah'm outae here. Gonnae have a nice weekend, hope you do too – wi Subbuteo, because that's aw you're gettin. *Right, where's ma clicky pen? Fuckin had enough ae it.*

FRANK get the door! Ah want a pizza.

Football again

11 AUGUST 2020

FM: So there Ah wis, lyin in bed, readin one o ma wee favourite Jackie Collins books – Ah huv a book aboot a wumman who's called Star, an she goes on a cruise an meets a handsome man, an then comes back and takes over the industry. Ah get a phone call in the deid o night aboot a Celtic player – he went tae Spain, he came back, he never quarantined, and he played a game put all the other players at risk. Ah mean, honest tae God, if Ah see him, Ah'm gonnae run ma toe up the crack o his hole!

Yeez huv aw been TELT, an Ah don't know why Ah have to keep repeatin myself!

Well, the SPFL and the GDT aw need tae speak to each other, because this is a problem that's no gonnae go away. And the footballers were TELT, don't leave the country, don't hang aboot pubs, don't think it disnae affect you, because it does.

And you're gonnae be responsible.

Right, ower tae some journalist tae see what they've goat tae say.

Q: I just wanted to go back to football…

FM: Ah don't want to talk about football any mair. What's the Scottish Football Association been daein for the last five months? Did they no have rules in place to deal with this? Ah mean, mibbe they should start organisin and penalisin people that keep puttin everythin fuckin oan the backleg. At the rate this is gaun, yez'll be playin Subbuteo to 2021.

Ah've had enough of the hale lot ae ye.

AH DON'T WANT TO TALK ABOOT FITBA ANY MAIR.

You guys have absolutely disappointed me.

Right, where's ma clicky pen?

FRANK get the door!

Ah'm gonnae get a wee game o five aside.

Ma emotional lifejacket's been deflatit.

Ah want a pizza.

U turns

18 AUGUST 2020

Hi, well it's Nicola here. Ah'm wearin ma wee oatmeal jacket that Ah goat for big Sandra's hen party last year. Weather's been crap – welcome tae Scotland.

Just want to tell everybuddy what's been happenin so far. So we've got the schools open, we've got the kids in, there's been a few cluster outbreaks and now Ah've got the whole of the press askin me, should Ah have actually opened the schools – after spendin the whole fuckin summer askin me tae open the schools. That's how it goes.

Right, an we've got Boris, he's on his holidays, he's up in St Andrews, up at the caravan. Wish Ah could go ma fuckin holidays in the middle ae an exam fiasco an a Covid outbrek. We've got Gavin Williamson daein U turns, merr U turns than oor Stuart daein his drivin lessons. Oan the exam debacle, said he widnae dae a U turn – but there, he has done. An quite rightly so – the kids have been fucked aboot enough. Right, I agree that we need to get those kids back intae school, an Ah know that it's frightenin, an Ah know that it's a worry, an people have got Covid danger exhaustion. But we huvtae keep rememberin, that virus is oot there an there is no absolutes.

We need tae keep gaun wi it an aw we kin dae is hope for the best. Ah mean, the weans are back at school and there is gonnae to be the various levels of ups and doons. We've just got to try and figure oot the balance of gettin it right. There'll be wee outbreaks here and wee outbreaks there and we've just goat tae get the balance as best we can.

Right everybuddy, make sure you're wearin a face cover, make sure your pushin that virus doon, keep pushin it doon, get oan your face mask, keep distant fae everybuddy, don't go intae big crowded places an let's get the weans safe, back in education the best we kin. They deserve it, efter everythin they've been through. Right, Ah'm headin off. Oor big Philomena, she's goat a barbecue an she's daein ma favourite chicken thighs. So Ah'm off. We'll see you here the morra.

Right, where's ma clicky pen? There it's there. Feet are killin me.

FRANK get the door! Ah want a wee tuna salad today.

Ah need a pee.

Loch Ness isn't a swamp

25 AUGUST 2020

FM: Hi there, it's Nicola here. Well, it's August, so there's torrential rain an the wind is blawin a fuckin hoolie oot there, so o course Ah've goat ma wellingtons oan an we won't be heandin doon the caravan. An yous from abroad, Donald Trump Jnr has said that Joe Biden is like the Loch Ness monster from the swamp.

Just a heads-up, ya eejit! Loch Ness Monster lives in a loch, not a swamp, HENCE THE WORD 'LOCH' IN LOCH NESS.

In other news, we are makin it mandatory for teenagers in secondary school to be wearing masks in the school when they're in busy places. We know this is gonnae be a big issue an the press'll have stuff tae say aboot it but we're tryin tae fuckin deal wi a pandemic an stoap the outbreaks. So let's go tae the first journalist. (*Hang oan … ah, a wee glass ae Prosecco.*)

Q: We have been told that there is a four-nation approach and that seems to have ended in terms of Covid-19 with masks in schools, with different rules in England and Scotland. Firstly, why do you think you are right, First Minister, and why do you think the UK government is wrong?

FM: Hey, listen up! Ah'm no sayin anybuddy's wrong. We're tryin tae stoap the children in schools passin oan the Covid an giein each other a deadly disease. Ah don't know how many times Ah've goat tae keep sayin this tae everybuddy: Ah'm daein ma best, wur tryin tae stoap a pandemic happenin, the kids are back at school an that's what we've got tae deal wi.

An just tae complicate the issue, we've got people sayin, 'Oh, an how will young people get masks?' Young people are already usin masks oan buses, trains, in shops. We don't need tae make this mair difficult than it actually is. Ah'm dealin wi somethin Ah've never dealt wi before, so can ye just aw cut me a bit ae slack an get oan wi it.

Right, where's ma clicky pen? Ah'm oottae here. Fuckin feet are killin me.

FRANK get the door!

C'moan, Archie, walk wi me.

Ah want a wee pie supper.

Rugby v football and the curtain twitchers

27 AUGUST 2020

FM: Hi there, Nicola here. Ah'm wearin ma wee red jacket that Ah goat for oor Chantelle's dance party. If ye've been followin ma story oan the TikTok, yes, we did manage to get a couple ae rolls ae anaglypta. We're gaun up tae big Claire Kelly's house this week an Ah'm gonnae dae a wee coat ae paint oan it, cos Ah'm good at that as well. Talkin aboot gaun tae people's houses, ye've been havin fuckin house parties again, ain't ye? An the polis are gonnae have tae be involved. We cannae be havin the hoose parties. We cannae be havin aw the shite an shenanigans. An the good news is, the weather's like the Arctic Circle, so we won't have they bampots in the park, aw drunk, rollin aboot wi thur taps aff, breathin intae each other's fuckin faces. Right, over tae some questions and see what's happenin. *Right, Ah'm tryin tae find a bit ae paper wi a man who's gonnae ask me a question aboot fitba. Oh, there it's there.*

Q: … is it because, for example, if Celtic were to be given the go-ahead, you're worried that would upset other teams?

FM: Ohh, it's like Twitter in real life. Listen, naebuddy's giein preferential treatment tae rugby fans. The rugby is goin ahead just so's we can dae a wee trial run an see whit's happenin. Cos we're in the middle o a pandemic. Ah don't know if ye actually know, right, but see the baw, the shape o the baw, the virus doesnae actually gie a fuck aboot the shape o the baw. Aw sports are gonnae be affected. We're tryin wur best here. Next!

Q: Are you encouraging people in Scotland to become a nation of curtain twitchers?

FM: Curtain twitchin? Sounds very sexual for a young lad tae be comin oot wi that shenanigans. Ah used tae be in a band called Kate and the Curtain Twitchers back in the '80s, we did aw the hits o Bananarama, we used tae tour the Bo'ness an Falkirk area. Listen, it's been wan ae they weeks. Ah'm gonnae have tae get masel thegether an go. Make sure you're wearin your emotional lifejacket an keep yer family afloat, keep yer hands clean, werr a mask, don't go intae crowded places, stoap fuckin argyin wi everybuddy an hivin hoose parties. Ye know the shite that it's causin. *Right, Ah'm gonnae go tae Jeanette's, get a big bottle o Prosecco. Where's ma clicky pen? Ah'm oottae here. Feet are killin me.*

FRANK get the door! Ah want a wee roll oan corned beef the day.

House parties and David Icke and the lizards

31 AUGUST 2020

FM: Hi there, Nicola here. Yes, Ah'm wearin ma wee purple crossover top that Ah goat at big Senga McDade's Pippa Dee party wi aw the Sandras.

Well, what a fuckin week it's been! That's the numbers spikin up. We've got the highest number ae spikes because people are havin hoose parties. An nae matter the number ae times ye've been telt, they keep doin it.

An then in London, we've got David Icke an his lizards shoutin that it doesnae exist. Yer either gonnae believe fuckin David Icke or yer gonnae believe the scientists.

In other news, we've got that the ambulance service'll be doin the testin, so the soldiers can go back tae thur soldierin.

Right, we're gonnae be takin a couple ae questions fae journalists. First up, Archie McGlumpher.

Q: Ah cannae find the button, Nicola. Nicola, whit

button Ah'm Ah pressin?

FM: Fer fuck's sake. Next!

Q: They're claiming the music ban in pubs is
suffocating the night-time economy...

FM: Well, the reason we're havin the music ban on
is, when people hear music, they huvtae shout really
loud intae each other's face.

Ah mean, Ah've been in a disco, hen, though Ah look
as though Ah've no been in wan fur a long time. Loud
pubs an loud music helps tae spread the virus, cos
ye've got some arsehole screamin right intae yer face.

And then we've goat the hoose parties, we've goat
people aw havin randans an rammies in thur hoose,
an that's why the virus is spreadin. We're only tryin
tae save everybuddy's life here. Ah'm tryin tae stoap
the fuckin virus fae bein spread – an people are askin
me questions like, 'Are you tryin tae kill the night-
time economy?' Naw, Ah'm tryin tae stoap a virus fae
spreadin. Ohh fuck.

Right, okay. So, put oan your emotional lifejacket,
keep yer family afloat, look after each other, make
sure yer no spreadin the disease, stey apart, werr a

mask – you know aw the rules. Ah'm askin ye tae comply wi them so as we can try an no be forced back intae Lockdown. It's that simple.

Right, Ah'm oottae here. Big Philomena, she's got on a wee hotpot fur me, so Ah'm off.

Right, where's ma clicky pen?

Fuckin feet are killin me.

FRANK get the door! Ah want a wee salmon paté on toast.

Catch the latest Janey Godley news and videos at janeygodley.com. During Lockdown and the preceding months, Janey and her daughter Ashley Storrie have been doing nightly live chats on her Facebook fanpage.

Luath Press Limited

committed to publishing well written books worth reading

LUATH PRESS takes its name from Robert Burns, whose little collie Luath (*Gael.*, swift or nimble) tripped up Jean Armour at a wedding and gave him the chance to speak to the woman who was to be his wife and the abiding love of his life. Burns called one of the 'Twa Dogs' Luath after Cuchullin's hunting dog in Ossian's *Fingal*. Luath Press was established in 1981 in the heart of Burns country, and is now based a few steps up the road from Burns' first lodgings on Edinburgh's Royal Mile. Luath offers you distinctive writing with a hint of unexpected pleasures.

Most bookshops in the UK, the US, Canada, Australia, New Zealand and parts of Europe, either carry our books in stock or can order them for you. To order direct from us, please send a £sterling cheque, postal order, international money order or your credit card details (number, address of cardholder and expiry date) to us at the address below. Please add post and packing as follows: UK – £1.00 per delivery address; overseas surface mail – £2.50 per delivery address; overseas airmail – £3.50 for the first book to each delivery address, plus £1.00 for each additional book by airmail to the same address. If your order is a gift, we will happily enclose your card or message at no extra charge.

Luath Press Limited
543/2 Castlehill
The Royal Mile
Edinburgh EH1 2ND
Scotland
Telephone: +44 (0)131 225 4326 (24 hours)
Email: sales@luath. co.uk
Website: www.luath.co.uk